REFLEXÃO ANTIRRACISTA de Bolso

CONVERSA PRETA: diálogos sobre racismo nas convivências por meio da educação e da literatura

Sonia Rosa

1ª Edição | 2022

© Arco 43 Editora LTDA. 2022
Todos os direitos reservados
Texto © Sonia Rosa

Presidente: Aurea Regina Costa
Diretor Geral: Vicente Tortamano Avanso
Diretor Administrativo Financeiro: Dilson Zanatta
Diretor Comercial: Bernardo Musumeci
Diretor Editorial: Felipe Poletti
Gerente de Marketing e Inteligência de Mercado: Helena Poças Leitão
Gerente de PCP e Logística: Nemezio Genova Filho
Supervisor de CPE: Roseli Said
Coordenadora de Marketing: Livia Garcia
Analista de Marketing: Miki Tanaka

Realização

Direção Editorial: Helena Poças Leitão
Gerência Editorial: Gilsandro Vieira Sales
Texto: Sonia Rosa
Edição: Aline Sá Martins e Suria Scapin
Revisão: Texto Escrito
Direção de Arte: Miki Tanaka
Projeto Gráfico e Diagramação: Miki Tanaka
Coordenação Editorial: Livia Garcia

```
Dados Internacionais de Catalogação na Publicação (CIP)
          (Câmara Brasileira do Livro, SP, Brasil)

    Rosa, Sonia
      Reflexão antirracista de bolso : conversa preta :
    diálogos sobre racismo nas convivências por meio da
    educação e da literatura / Sonia Rosa. -- 1. ed. --
    São Paulo : Arco 43 Editora, 2022. -- (De Bolso)

      Bibliografia
      ISBN 978-65-86987-39-3

      1. Antirracismo 2. Educação 3. Etnicidade
    4. Identidade racial 5. Preconceito 6. Racismo
    7. Relações étnico-raciais I. Titulo II. Série.

22-134476                                   CDD-305.8009
```

Índices para catálogo sistemático:

1. Racismo : Preconceitos : Sociologia   305.8009

Aline Graziele Benitez - Bibliotecária - CRB-1/3129

1ª edição / 3ª impressão, 2024
Impressão: Gráfica Santa Marta

CENU – Avenida das Nações Unidas, 12901 – Torre Oeste, 20º andar
Brooklin Paulista, São Paulo – SP – CEP 04578-910
Fone: +55 11 3226 -0211
www.editoradobrasil.com.br

REFLEXÃO ANTIRRACISTA de Bolso

CONVERSA PRETA: diálogos sobre racismo nas convivências por meio da educação e da literatura

Sonia Rosa

Sonia Rosa

Nascida no Rio de Janeiro, é escritora de literatura negro afetiva, voltada para o público infantil e adolescente, além de poetisa. Ao todo, é autora de mais de quarenta obras publicadas. É professora aposentada e mestre em relações étnico-raciais pelo Cefet/RJ.

Ao meu amigo querido Diego Francisco, pai de Antonio.

Aos meus professores do mestrado em Relações Étnico-raciais do Cefet/RJ, especialmente, os professores Tania Muller, Talita de Oliveira, Carlos Henrique dos Santos Martins e Mario Luiz de Souza.

Agradeço aos primeiros leitores críticos, que muito contribuíram com seus apontamentos impecáveis: Luis Araújo, Eliane Debus, Liane Felix, Tatiane Oliveira, Marcia Brum, meu marido, Maneco Dias, e meu filho, Rui Rosa.

Sumário

PREFÁCIO 13

INTRODUÇÃO 17

PARTE 1 – DIÁLOGOS PARA IDENTIFICAR O RACISMO 25

   1   UMA CONVERSA OLHO NO OLHO 25

   2   UMA CONVERSA SOBRE RACISMO ESTRUTURAL 29

   3   UMA CONVERSA QUE SE APROFUNDA EM DIÁLOGO COM OS MESTRES 31

   4   UMA CONVERSA SOBRE LITERATURA NEGRO AFETIVA PARA CRIANÇAS E JOVENS 41

   5   UMA CONVERSA INCÔMODA, MAS NECESSÁRIA, COM DOCENTES 45

   6   UMA CONVERSA QUE GERA MUITAS REFLEXÕES...............53

   7   UMA CONVERSA FRANCA SOBRE A LEI 10.630/2003........57

   8   UMA CONVERSA SOBRE O LETRAMENTO RACIAL: LER POTENCIALIZA NOSSA IMAGINAÇÃO 61

9	**UMA CONVERSA QUE REFORÇA CAMINHOS A SEGUIR**........**67**	

PARTE 2 - UM DIÁLOGO COM A HISTÓRIA E COM O FUTURO **71**

1   **SABERES COM BASE NUM OLHAR HISTÓRICO** **71**

2   **A CONFÊRENCIA DE BERLIM**..**75**

3   **ÁFRICA: UM CONTINENTE, 54 PAÍSES**.............................**77**

4   **UM PAÍS RACISTA (AINDA) OU... O BRASIL, QUANDO SE OLHA NO ESPELHO, NÃO GOSTA DO QUE VÊ** **79**
- 4.1   A lei do boi..82
- 4.2   O Hino da República com sua letra perturbadora....................85
- 4.3   Os quilombos e outras resistências 88
- 4.4   Iniciativas de ações afirmativas, leis acolhedoras e cotas raciais 91

5   **UMA CONVERSA CHEIA DE BOAS NOTÍCIAS**.......................**95**

6   **PEQUENAS HISTÓRIAS DA VIDA REAL: O RACISMO NÃO DÁ TRÉGUA** **101**

7   **GALERIA: GENTE DE VALOR** **115**

8   **PALAVRAS FINAIS NESSA CONVERSA QUE NÃO SE ESGOTA...** **123**

GLOSSÁRIO **127**

REFERÊNCIAS BIBLIOGRÁFICAS **131**

PREFÁCIO

Uma conversa ao pé do ouvido: ressoar nos tambores de Sonia Rosa

Há um poema de Elisa Lucinda intitulado "O que dizem os tambores"[1], que fala sobre o ecoar de tambores e o imenso significado que é o tocador desse tambor poder escrever a própria história. Da compreensão desse poema nasce, além de ser esse um dos meus poemas preferidos, uma composição harmoniosa com os dizeres de Sonia Rosa neste livro que se anuncia – *Reflexão antirracista de bolso* – e o ritmado dos versos da poeta Elisa: **o protagonismo da escrita negra**. Somos capazes de contar a nossa história, a história da negritude tantas vezes silenciada, tantas vezes inviabilizada, e fazê-la reverberar em diferentes espaços.

No som ritmado dos tambores, Sonia Rosa conversa ao pé do ouvido com leitores e leitoras, uma conversa com o ímpeto da urgência entrelaçada com suas vivências como mulher negra educadora, escritora e pesquisadora; ela "escreve a própria história", que na singularidade dialoga com outras tantas histórias de mulheres e homens, negras e negros, neste país em que o racismo estrutural retumba em constância e faz tantos corpos negros tombarem.

---

1 LUCINDA, Elisa. O que dizem os tambores. *In*: LUCINDA, E. **Vozes guardadas**. Rio de Janeiro: Record, 2016.

Entre a urgência da existência da escrita e a urgência da sobrevivência do corpo, somos levados a seguir um caminho de dizeres, nem sempre em linha reta – entre curvas sinuosas e retenções, idas e vindas –, no que a autora denomina de "liberdade e intuição", marcas desse processo de escrita, encontramos a educação e a literatura em diálogo com o tecido social. A liberdade tomada na conversa gera incômodos, inquieta, provoca o abandono de "certezas" impostas, convoca a olhar a história a contrapelo, não caindo no "perigo da história única" como advoga Chimamanda Adichie (2018)[2].

A memória é "reacesa" no seu viver carregado de "precisões", tudo é preciso – e, aos poucos, nessa conversa de fala mansa, urgência e ritmado tambor, vamos encontrando as muitas Sonia Rosa.

Sonia Rosa, a educadora, que por mais de trinta anos assumiu a docência na Educação Básica do Rio de Janeiro, é confrontada com a dinâmica racista dos espaços educativos e busca fraturá-los por meio de ações pedagógicas que potencializem olhar ao outro em suas minúcias.

Sonia Rosa, a escritora, que entre seus cinquenta títulos traz para o cenário o protagonismo negro de meninos, meninas, homens e mulheres e apresenta um mundo ficcional que:

> [...] arrebata o leitor para um tempo e espaço que são diversos dos seus, (re)apresentando mundos e personagens que provocam a identificação, ou não, bem como o alargamento do seu horizonte de expectativas. Desse modo,

---

2 ADICHIE, Chimamanda Ngozi. **El peligro de la historia única**. Barcelona: Penguin Random House, 2018.

> ele experiência um viver distante do seu, ao mesmo tempo tão próximo, e, ao voltar desse encontro ficcional, já não é o mesmo; ele é capaz de reconfigurar o seu viver. (DEBUS, 2017, p. 48)

Sonia Rosa, a pesquisadora, que, aprendiz, volta aos bancos escolares e, mestre em Relações Étnico-raciais pelo Cefet/RJ, sob orientação da professora Tania Muller, conceitua seus dizeres para crianças como literatura negro afetiva que nos encharca de bem-querer.

É essa mulher que nos chama para uma conversa ao pé do ouvido, demarcando a importância da Lei 10.639, de 2003, que estabelece as diretrizes e bases da educação nacional, incluindo no currículo oficial da rede de ensino a obrigatoriedade da temática da cultura africana e afro-brasileira, lei que altera a lei nº 9.394, de 20 de dezembro de 1996, e dialoga com a Lei 11.645, de 2008, que institui a "História e Cultura Afro-Brasileira e Indígena".

Sem sombra de dúvidas, Sonia Rosa nos alerta que é necessário estarmos atentos e tocarmos nossas palavras-tambores cada vez mais forte. Talvez essa seja a nossa glória – entre o sim e o não: nos ouvirmos e resistirmos e que, na diferença nos irmana, prevaleça o respeito às singularidades na convivência plural.

Profª Drª Eliane Debus

Doutora em Letras pela PUC-RS, Mestre em Literatura Brasileira pela UFSC, Eliane atua como professora na graduação e pós-graduação da UFSC. Possui vasta experiência na área de Educação e Literatura, com ênfase em literatura para infância e juventude e educação das relações étnico-raciais.INTRODUÇÃO

INTRODUÇÃO

Para começo de conversa...

Este é um livro de estudos raciais em formato de conversa com uma singularidade especial: tem urgência. Por que a partilha desses saberes é urgente? Porque o **racismo estrutural** se impregnou em nossas vidas e em todas as nossas convivências. Precisamos, todos nós: mães, pais, avós, tios e professores, estar atentos às manifestações destruidoras e deformadoras desse **racismo** nas infâncias.

A ideia que desejo imprimir já nesse começo de prosa é a compreensão de que o pensamento racista é fruto da dificuldade da pessoa branca em identificar humanidade na pessoa negra. A terrível disseminação dessa ideia de não humanidade ainda é uma grande muralha na compreensão de toda a complexidade racial. No entanto, essa humanidade é legitimada pela própria população negra, um coletivo de pessoas cheias de sensibilidades, sentimentos, dores, amor, desamores, fortalezas, fraquezas e sonhos. Essa evidência, infelizmente, nem sempre encontra ressonância na percepção da população branca que, muitas vezes, faz questão de ignorar a humanidade da pessoa negra e se sente autorizada a exercer, livremente e sem dó, suas práticas racistas, já que os alvos são vistos como não humanos.

A produção deste livro é a realização de um desejo que surgiu nas semanas iniciais das aulas do meu mestrado em Relações Étnico-Raciais. Firmei, naqueles primeiros dias de grande encantamento para mim, um compromisso comigo mesma de compartilhar os novos conceitos aprendidos ali na academia e juntá-los com os antigos saberes já acessados em minhas trajetórias de educadora e de mulher negra nascida numa favela carioca. Fui, nesse percurso, ligando os pontos dos conhecimentos que adquiri ao longo de minha vida, em minha família e em minha rede de afetos, pautada, muitas vezes, por experiências pessoais, intimamente ligadas ao meu lugar no mundo. Um mar infinito de saberes foi se revelando cada vez mais à minha frente, quanto mais eu adentrava nessas águas, num processo de aquisição de conhecimento que não se esgota nunca.

Durante o percurso, fui encontrando respostas para indagações antigas e vendo surgir novas questões. Ao longo do processo, acatei a sugestão da minha professora-orientadora, doutora Tania Muller, em fazer a dissertação de mestrado no formato teórico autobiográfico. Foi uma singular oportunidade de repensar minha história de vida e perceber que, além das marcas evidentes do racismo dentro dela, existe uma grande dificuldade em nomear como "racismo" as cruéis experiências vivenciadas durante minha infância e minha adolescência. Foi doloroso e, ao mesmo tempo, libertador e curativo.

Na juventude, nunca entrei em contato com estudos sistematizados a respeito dos fatos históricos envolvendo a população negra, que trazem outras perspectivas e permitem diferentes construções imaginárias das vidas negras. Meus pais, pessoas simples e de pouco estudo, repassavam os feitos, as caminhadas e as travessias baseadas na luta, na força e no desejo de acertar e ser feliz. Histórias familiares contadas e recontadas. Mas não me lembro de ter ouvido falar, dentro de casa, do tamanho e da complexidade do herói guerreiro Zumbi dos Palmares, nem sobre a sua força e resistência na luta dos escravizados. Muito menos de comentários sobre a presença de quilombos como espaços concretos de busca de liberdade. Havia em minha família uma urgência em sobreviver; logo, não havia muito tempo para a reflexão sobre questões existenciais. Dentro de casa diziam, sem dizer, que as coisas eram assim mesmo: éramos pobres e negros e, por isso, teríamos uma vida inteira de dificuldades e lutas, com muito trabalho e enormes desafios. Era preciso entender nosso lugar – o de subalternidade – e tentar, com todo esforço do mundo, sobreviver à fome, à doença, às privações e às humilhações diárias. Quem sabe, trabalhando bastante – muito mais do que estudando –, sendo honestos e seguindo em frente com força e determinação, poderíamos chegar a algum lugar? As dificuldades da existência e as poucas perspectivas de um futuro promissor eram naturalizadas pela minha família, apesar da esperança por dias melhores.

Mesmo com algumas fragilidades relacionadas à contemplação da temática negra propriamente dita, posso identificar com alegria que os valores aprendidos dentro de casa, aqueles que me formaram como pessoa, estavam alinhados a uma lógica africana de existência: solidariedade, coletividade, respeito ao sagrado, oralidade, musicalidade, valorização da força das palavras nas rezas, contação de histórias, provérbios e respeito aos mais velhos.

São muitas histórias e momentos de aprendizagem que vivenciei no meu cotidiano de criança e jovem. Visitando minha memória, lembro com ternura de como era libertador e confortável frequentar os bailes do clube local. Todos nós, jovens negros, dançávamos com nossos corpos (tão lindos!) as variadas coreografias parecidas com o que hoje é chamado de "Baile Charme". Era um clube cheio de pessoas dançando, ritmadamente, com um sorriso nos lábios, suor escorrendo e cabelos *black power*; um ambiente de paquera, com vidas em movimento... O sentimento de pertencimento e plenitude era enorme e era para lá que eu – e meus irmãos, vizinhos e amigos – íamos todo domingo à noite. Essa vivência, a experiência negra de ser, dialogou mais tarde com a pesquisadora e a mestre que me tornei. Também seria essa realidade que viria a subsidiar meus estudos e potencializar a compreensão sempre reflexiva da minha existência negra.

A decisão de oferecer um material de estudos sobre as relações étnico-raciais para o público em geral, especialmente para professoras e professores, vem me acompanhando há tempos e provocando certa inquietação em relação a como concretizar a ideia da melhor maneira. Entendi que, primeiramente, era necessário ler (muitos) livros, artigos e teses, assistir a filmes e documentários sobre o tema para, então, começar a desembaraçar os nós do intenso aprendizado e absorver os conteúdos com um entendimento substancial e íntimo, considerando suas especificidades. Almejava, após esse processo de autoformação, produzir uma escrita fluida e direta sobre essas aprendizagens, contribuindo, assim, para o processo de **letramento racial** – saberes relacionados à racialidade – de leitoras e leitores.

Decidi que a escrita desse projeto não seria na forma de uma narrativa literária e muito menos um texto acadêmico. Optei por uma narrativa formal e livre, como uma conversa. Afinal, acredito na oralidade, na força das palavras e no poder da contação de histórias como forma de nos entendermos.

Todo o desejo de ser lida, acolhida e compreendida dentro da proposta deste livro vem acompanhado de entusiasmo. Quero aqui dividir algumas informações, reflexões e fundamentos que considero relevantes para a melhor compreensão de toda a dinâmica existente na invisibilidade dos conhecimentos raciais e na aprendizagem. Mas gostaria de fazer uma observação muito pertinente e verdadeira. Quando iniciei a escrita, tinha uma grande expectativa de conseguir atingir minhas e meus leitores com um diálogo mais longo. Aceitei o desafio imposto a mim mesma e acreditei, fervorosamente, que, por meio de uma narrativa dialogante, conseguiria oferecer uma formação robusta frente aos inúmeros saberes que eu compartilharia.

Ao longo do processo, percebi que a minha contribuição seria mais modesta do que meu desejo inicial. Precisava alinhar minha maneira de ser com a singularidade da partilha desses saberes. Precisava também considerar que toda aprendizagem é um processo intermitente, individual e que envolve vários fatores. Estou ciente de que essa contribuição é valiosa e cumpre o seu papel. Mas a efetivação da aprendizagem, propriamente dita, não é algo que dependa exclusivamente de mim ou que eu consiga avaliar com exatidão.

Assim, entendi que eu precisaria repensar algumas pretensões iniciais. Não sou historiadora, logo, o livro não poderia ter essa marca. Tenho consciência de que não conseguirei sanar todas as lacunas educativas relacionadas às temáticas negra, africana e afro-brasileira ao longo de décadas. Reconheço que é impossível. Não sei tudo. Nunca saberei tudo. Mas tenho um alento: o processo de aprendizagem é potente e intermitente e, uma vez iniciado, não tem mais retorno.

Penso que "é conversando que a gente se entende" e é nessa partilha de troca sincera de saberes que aprendemos. A opção pelo formato de conversa faculta ao texto uma certa leveza: é com base nela que o livro se propõe a informar fatos e feitos pouco disponibilizados em nossa sociedade e iniciar – ou até mesmo acelerar – o processo de conhecimento contínuo sobre o assunto em questão. Na maioria das vezes, não conseguirei me aprofundar como gostaria, por conta do tempo de quem lê e do espaço do livro, propriamente dito. Mas isso não significa que os tópicos serão desenvolvidos de forma superficial.

Preciso dizer também que essa conversa é provocativa. Ofereço muitas sugestões bibliográficas e midiáticas para que, de forma autônoma, a pessoa que me lê, de acordo com seu interesse, possa mergulhar mais profundamente nos assuntos abordados. O livro traz seções especiais, como "**Pequenas histórias da vida real: o racismo não dá trégua**", que apresenta relatos do racismo no cotidiano das vidas negras em tempos e espaços distintos. A galeria "**Gente de valor**" é outra parte do livro que fortalece a conversa, à medida que sugere livros e obras para enaltecer o trabalho de escritoras e escritores negros para todas as infâncias. Essas pequenas biografias se propõem a fortalecer as referências negras e dar a oportunidade a todas e todos de conhecer as potências, a força das suas ações e de suas vozes. Além disso, com a finalidade de leitoras e leitores poderem entender melhor alguns termos e conceitos que aparecem ao longo do texto, é disponibilizado também um glossário, ao fim do livro.

Todo tempo é tempo de aprender. Em cada leitura que faço, em cada reportagem, vídeo, série e documentário a que assisto, vou agregando mais valores aos meus estudos. Sinto satisfação em conhecer, por meio desses estudos, a origem dos meus ancestrais – mesmo que dentro do meu imaginário, já que não tenho nenhuma certeza a respeito da localidade, de onde eles vieram de fato. O sentimento provocado gera o fortalecimento da minha identidade negra.

Sobre esse aspecto, compartilho a experiência de escrita que fiz para o livro *Origens* (Editora do Brasil), no qual cinco escritores contam as origens de suas famílias a partir das trajetórias de cada uma delas. Abordar as memórias cheias de lacunas e ausências de respostas mexeu intensamente comigo e, para aquela obra, escrevi o conto "Minha história original", em que apresento o possível trajeto dos meus ancestrais africanos, que, com certeza, vieram do além-mar, onde moram todas as histórias originais… Todo esse polêmico assunto busca trazer respostas a perguntas fundamentais que urgem dentro do peito. "De onde viemos? De onde vieram os nossos?". São perguntas existenciais que mobilizam a população negra. O adentrar histórico contempla o antes e o depois e vislumbra um futuro cheio de possiblidades de equidade racial pelo país afora.

Estou feliz e esperançosa em compartilhar estudos, reflexões e apontamentos! Desejo que essa conversa tão especial seja uma experiência positiva. Boa leitura!

Sonia Rosa

PARTE 1 – DIÁLOGOS PARA IDENTIFICAR O RACISMO

1 UMA CONVERSA OLHO NO OLHO

> "Não são as nossas diferenças que nos dividem. É nossa inabilidade em reconhecer, aceitar e celebrar essas diferenças."
> (Audre Lorde, no livro *Sister Outsider*).

O presente livro aponta a importância do coletivo, de pessoas de variados tons de pele, discutindo e criando estratégias antirracistas em seus espaços de convivências: casas, escolas, empresas, clubes, igrejas, templos, casas de santo, agremiações esportivas e culturais etc. Sou uma escritora de literatura infantojuvenil. No entanto, as reflexões que trago não se destinam ao meu público leitor e, sim, a leitoras e leitores em geral, especialmente a professoras e professores, adultos formadores. Tenho profundo respeito e admiração por esses profissionais que presenciam, em seu cotidiano, muitas histórias de vida que pulsam na convivência entre alunas e alunos. Infelizmente, algumas dessas experiências escolares são histórias de violência racista e, lamentavelmente, nem sempre são reconhecidas como tal.

Selecionei alguns assuntos e saberes referentes às questões raciais de forma livre e intuitiva, numa organização cronológica da história de pessoas negras africanas, antes, durante e após a travessia do oceano Atlântico como pessoas escravizadas. O livro, como um todo, visa apresentar um breve estudo sobre o continente africano e a humanidade dos seus habitantes, que pessoas brancas, autodeclaradas civilizadas, fizeram questão de ocultar ao longo da História – fato que, infelizmente, reverbera ideologicamente até os dias de hoje.

Os saberes aqui elencados não são os mais importantes, mas são os que considero fundamentais para uma desconstrução de pensamentos racistas, assumindo a tarefa de propor uma reflexão para a prática antirracista. Meu objetivo é minimizar, na medida do possível e por meio de uma aprendizagem básica, o sofrimento causado pelo racismo nas escolas à população de crianças e jovens negros. Ressalto aqui que todas as pessoas, independentemente de sua identidade racial, precisam ser amadas, acolhidas e respeitadas em suas humanidades, singularidades e subjetividades. Os adultos precisam cuidar dessa nova geração com amor, responsabilidade e comprometimento com o respeito às diferenças.

Compartilho um pouco das injustiças sofridas pela população negra ao longo dos séculos e que são reforçadas, até hoje, por uma narrativa histórica e desmerecedora que vem invisibilizando e desconsiderando o protagonismo negro dentro da história evolutiva da humanidade.

Os assuntos escolhidos dialogam com os livros de **literatura negro afetiva** para crianças e jovens que escrevo, nos quais a representatividade e o protagonismo negro estão sempre presentes, já que essas reflexões são o foco dos meus estudos e, muitas vezes, visitam a minha escrita literária. Não poderia ser diferente, porque nossos conteúdos nos constituem como pessoas. As inquietações ligadas ao nosso lugar no mundo desde o nascimento nos permitem olhar, sentir, sofrer, sorrir e sonhar com uma singularidade própria, fruto dos afetos e desafetos que nos formam ao longo do nosso crescimento – no meu caso, como pessoa negra.

Como escritora, vou com alegria a muitas escolas para conversar com alunas, alunos, professoras e professores sobre a literatura negro afetiva. A base dessas conversas, além da literatura, são os meus estudos e pesquisas sobre a temática negra. A intensidade e a frequência desses compromissos, que também ocorrem, diversas vezes, no formato *online*, me motivaram, intensificando meus estudos e reacendendo o desejo de produzir e publicar este trabalho, sonhado há tanto tempo, dando-lhe agora um caráter de urgência.

Avalio estarmos em um momento muito oportuno para compartilhar essas reflexões, porque podem contribuir com o avanço necessário para o entendimento da complexidade racial. Os diversos encontros de que participei serviram como uma espécie de laboratório para a escrita desse texto. Pude identificar o impacto da revelação de alguns conhecimentos e de quão transformadores eles foram para pessoas receptivas, sensíveis e dispostas a mudanças.

Por meio da partilha de referências negras e de fatos históricos relevantes, que quase nunca se tornaram pauta dentro dos espaços de convivências brasileiras – quer seja no campo público ou no privado –, o presente livro se propõe a contribuir para a desconstrução de velhas ideias e para a dissolução de alguns equívocos que prejudicam as relações raciais em nossa sociedade. Espaços acadêmicos específicos e algumas instituições comprometidas com a temática negra, como os **movimentos negros** em geral, sempre protagonizaram a pauta racial. Valorizar e visibilizar os feitos e as potências das vidas negras, no passado, no presente e no futuro, foram e são as marcas expressas por meio da força dessas militâncias.

Toda luta, ao longo de décadas, resultou nos avanços que hoje celebramos, como a promulgação de leis a favor da população negra. Dentre elas, destaco a Lei 10.639/2003[3], que visa à formação efetiva de alunas e alunos brasileiros no que se refere à valorização do legado dos escravizados africanos que vieram para o Brasil e contribuíram para a formação da nossa identidade étnica, cultural e religiosa.

---

3   Tal lei foi complementada, depois, pela lei 11.645/2008, promulgada justamente com o intuito de incluir na pauta o reconhecimento e o trabalho com as culturas dos povos indígenas brasileiros, valorizando assim numa mesma lei duas minorias até então excluídas do debate educacional.

2 UMA CONVERSA SOBRE RACISMO ESTRUTURAL

> "Reafirmo urgência do protagonismo negro, isto é, o negro entendido como sujeito ativo da construção do nosso país."
> (Kabengele Munanga).

Somos uma nação chamada Brasil, o país da diversidade e da desigualdade. A primeira, nos embeleza e anuncia; a segunda, nos entristece e envergonha. Ao apurar mais o olhar e buscar em nosso entorno – o que é sempre revelador –, observamos as marcas cruéis do racismo. Assim, tomamos consciência do que significa **racismo estrutural** e como ele deve ser entendido.

A resposta é direta e vem com os ensinamentos do professor e escritor Silvio Almeida, em seu livro *Racismo estrutural* (2018). Ele informa que o racismo pode ser descrito assim porque está nas instituições, nas estruturas da sociedade, está em todos nós, de modo consciente e inconsciente, e perpassa nossas relações com o mundo. Não é fácil nos desvencilharmos dele, já que suas raízes são bastante profundas. Mas é possível erradicá-lo, implementando em nossas vidas atitudes não racistas e sendo agentes antirracistas sempre, em todas as situações que vivenciamos.

Somos ignorantes em relação aos conhecimentos acerca da temática negra. Por isso, é importante aprendermos sobre o racismo e suas manifestações: o silenciamento, a invisibilidade, a segregação, a discriminação e o olhar sem humanidade. Para a pesquisadora e psicóloga Cida Bento (2022), a discriminação tem semelhança com o preconceito. No entanto, a primeira implica em ação. Em outras palavras, ambas partem de ideias, sentimentos e atitudes negativas de um grupo contra outro. Esses e outros entendimentos relacionados à temática negra precisam ter maior circulação em nossa sociedade, porque, assim, poderemos ser mais críticos sobre o assunto e desenvolver um olhar mais apurado para detectar a **discriminação racial** em todos os lugares – mesmo em sua roupagem mais sutil. Em tempo, a discriminação e o preconceito – e seus efeitos – só podem ser combatidos de duas maneiras: a primeira é por meio de leis que punam esses atos; a segunda, por meio da promoção de igualdades de oportunidades ou ações afirmativas.

A capacidade de ter empatia – seja ficando tocados, indignados ou sentidos em nossa alma com as injustiças históricas e contemporâneas direcionadas à população não branca – pode ser aprendida. Ela deve ser desenvolvida e ensinada a crianças e jovens dentro de lares e escolas. Particularmente, admiro a escolha de se prontificar a aprender sempre e ter coragem de rever velhos conceitos.

3 UMA CONVERSA QUE SE APROFUNDA EM DIÁLOGO COM OS MESTRES

"Desconstruir o racismo é descolonizar o conhecimento."
(Grada Kilomba).

Ao longo dos últimos anos, meu envolvimento com a causa negra aumentou significativamente. O sentimento latente é de que não consigo mais parar de buscar novas fundamentações para contribuir com a transformação da cruel realidade das manifestações racistas cotidianas, não permitindo que situações racistas e constrangedoras envolvendo pessoas negras sejam naturalizadas.

Historicamente falando, há um apagamento dos feitos das pessoas negras e é de suma importância para a desconstrução de velhas ideias fazermos uma reflexão sincera sobre o porquê dessas barreiras impostas. Devemos também questionar por quais razões elas surgiram, impedindo que todos pudéssemos acessar saberes fundamentais em busca da tão sonhada equidade racial. Uma possibilidade para reverter esse apagamento é ampliar os conhecimentos por meio da leitura de artigos diversos e fartamente disponíveis. Isso pode ser feito, por exemplo, no portal **Geledés** – Instituto da Mulher Negra, uma organização política de mulheres negras, fundada em 1988, por Sueli Carneiro, cuja missão institucional é a luta contra o racismo e o sexismo e a valorização e promoção das mulheres negras. Outra opção é pesquisar dissertações de mestrado e teses de doutorado sobre o assunto disponíveis *online*. São materiais acessíveis e gratuitos que, ao mesmo tempo em que nos acrescentam conhecimento, evidenciam o quanto ainda precisamos avançar. E, quanto mais avançamos, maior é o compromisso que assumimos na luta antirracista, o que pode ajudar a diminuir o sofrimento de muitas vitimas do racismo.

Uma vez iniciado o processo de desconstrução das mentalidades pelo conhecimento – um processo, por vezes, bem doloroso –, não há mais volta. As palavras lidas, ouvidas, sentidas e absorvidas com o coração e o intelecto causarão impactos para sempre em nosso pensar e existir.

O momento de mobilização da sociedade brasileira para identificar o racismo e seus malefícios históricos tem sido muito positivo. É possível perceber um interesse mais expressivo vindo de muitos setores da sociedade, assim como é gratificante perceber o desejo de muitas pessoas não negras, que até então não se colocavam "receptivas" para abordagens ligadas às relações raciais, manifestarem sincero interesse em entender os efeitos nefastos do racismo e seus impactos em nossas vidas, em todas as vidas. Algumas delas reconheceram, com desconforto, a existência desse venenoso sentimento dentro delas mesmas, já que o racista, ao não reconhecer o "outro" como um semelhante, ou seja, como outro ser humano, precisa ter coragem de se reconhecer como um "não humano", pois só um ser não dotado de humanidade é capaz de apresentar esse comportamento com relação a uma pessoa.

Ao longo dos mais de trinta anos em que atuei como professora em escolas públicas, identifiquei muitos episódios de desamor, descaso, desrespeito, invisibilidade, desumanidade, ódio, humilhação, discriminação, segregação, silenciamento e desatenção contra a população negra. Mesmo com a existência da Lei 10.639/2003, que inclui no currículo o ensino de história e cultura africana e afro-brasileira, e com a relevância de importantes trabalhos feitos por diversas escolas brasileiras, produzidos por inspiração dessa lei, os frequentes episódios de manifestações de racismo, lamentavelmente, continuam a ocorrer nas convivências escolares.

Minha jornada deixou cada vez mais evidente a intensa relação entre negritude e pobreza e o lugar de subalternidade e silenciamento em que muitas famílias negras estão imersas. A conformação e a alienação são consequências tristes do racismo estrutural. É imprescindível o comprometimento das escolas em acolher e fortalecer a autoestima das famílias de alunas e alunos, por meio de um trabalho educativo fundamentado, focado e respeitoso sobre a temática negra, o que permite criar estratégias para reverter o quadro com famílias que apresentam essa fragilidade em suas existências e nas relações sociais.

Nós, professoras e professores, temos uma "força de fala" com nossos alunos, alunas e suas famílias. Devemos usar dessa potência para a construção de uma sociedade mais inclusiva e respeitosa. Isso é possível. Estamos sempre prontos para aprender, crescer e contribuir com a mais nobre missão humana e função fundamental do nosso trabalho: formar pessoas.

Para atingirmos esse resultado, é necessário compreender a dinâmica que envolve a construção do racismo, por meio dos estudos sobre a população negra no Brasil, desde a escravização dos primeiros africanos, ainda no século XVI. Nessa grande tragédia que gerou marcas profundas em nossa sociedade, cerca de cinco milhões de africanos foram capturados em suas terras ao longo de trezentos anos. Ao entrar nos navios negreiros, como se fossem carga, para atravessar o Oceano Atlântico, essas pessoas sofreram uma ruptura cruel e imediata, uma violação extrema de suas humanidades, sem direito a despedida, abandonando para sempre suas vidas próprias, seus afetos, suas histórias, seus nomes... Essas foram as primeiras e traumáticas experiências dos escravizados ao chegarem ao Brasil. Nas agressivas abordagens de captura de pessoas, repletas de sangue e dor, já era sinalizada a desumanidade com que elas seriam tratadas no futuro próximo – e também no distante. Foi nessa travessia marítima, dentro dos porões dos navios negreiros, que se iniciou o sofrimento que dura séculos.

Para ser possível compreender todo o contexto, é igualmente importante entendermos o papel contraparte no processo – o branco que, pelo autoposicionamento como padrão, não é comumente tratado como objeto e agente.

> Na descrição desse processo, o branco pouco aparece, exceto como modelo universal de humanidade, alvo da inveja e do desejo dos outros grupos raciais não brancos e, portanto, encarados como não tão humanos. Na verdade, quando se estuda o branqueamento constata-se que foi um processo

> inventado e mantido pela elite branca brasileira, embora apontado por essa mesma elite como um problema do negro brasileiro (BENTO, 2002, p. 25).

Além de Cida Bento (2002 e 2022), livros e artigos de autores como Lia Vainer Schucman, Tania Muller, Frantz Fanon, Lilia Schwarcz, Lourenço Cardoso, dentre muitos outros, também ampliam e aprofundam o conceito de branquitude, ou do ser branco, importante para compreendermos um cenário completo acerca da construção do racismo na sociedade brasileira. O estudo da branquitude transforma a pessoa branca em objeto, ou seja, gera uma desconstrução de ideias e conceitos e revela algo escancarado pelas vivências negras, mas pouco debatido na academia: quem inventou o racismo foram os brancos.

Antes do conceito de branquitude, apenas o negro era objeto de estudo. Alguns estudiosos consideram que a construção desse conceito começou de maneira discreta nos Estados Unidos da América (EUA), com os escritos do sociólogo e ativista negro, W. E. B. Du Bois, na virada do século XIX. Du Bois viveu quase cem anos e, apesar de residir em um país muito racista, a sua produção foi suficientemente potente e corajosa, deixando um importante legado.

Por mais incômodos que isso possa provocar, existe uma especificidade existencial em "ser branco" e "ser negro". Mas o que isso representa no imaginário da nossa sociedade? Que privilégios – ou falta de privilégios – agregam essas categorizações?

Com relação à branquitude propriamente dita, fica mais uma pergunta: quais os pactos narcísicos que são acordados entre esses iguais para manter e perpetuar seus privilégios? Cida Bento, pode nos ajudar, mais uma vez, a entender:

> Evitar focalizar o branco é evitar discutir as diferentes dimensões do privilégio. Mesmo em situação de pobreza, o branco tem o privilégio simbólico da brancura, o que não é pouca coisa. Assim, tentar diluir o debate sobre raça analisando apenas a classe social é uma saída de emergência permanentemente utilizada, embora todos os mapas que comparem a situação de trabalhadores negros e brancos, nos últimos vinte anos, explicitem que entre os explorados, entre os pobres, os negros encontram um déficit muito maior em todas as dimensões da vida, na saúde, na educação, no trabalho. A pobreza tem cor, qualquer brasileiro minimamente informado foi exposto a essa afirmação, mas não é conveniente considerá-la. Assim o jargão repetitivo é que o problema limita-se à classe social. Com certeza este dado é importante, mas não é só isso (BENTO, 2002, p. 27).

Do ponto de vista científico, vale lembrar, existe apenas uma única **raça**, a raça humana. No entanto, dentro do contexto sociológico podemos usar os termos "raça negra" e "raça branca" para estudos e compreensão das relações inter-raciais que, infelizmente, são tão desiguais e que produzem tantos conflitos e sofrimentos nos campos social e individual. Esclareço aqui uma dúvida que sempre paira no ar: quem é negro? Quem pode ser considerado negro? Apesar de envolver diversos fatores, como ascendência, experiência e vivência pessoais e sociais de corpos negros, essa é uma autodeclaração. Para ilustrar, podemos observar a forma como o Instituto Brasileiro de Geografia e Estatística (IBGE) questiona seus entrevistados em relação a cor ou raça: "A sua cor ou raça é: 1. branca, 2. preta, 3. amarela, 4. parda, 5. indígena". Esse é um formato que serve de parâmetro para muitas instituições. Por uma questão de aproximação dos índices demográficos, como a média salarial – próxima entre pretos e pardos e muito distante entre esses grupos e os brancos, por exemplo –, o IBGE considera pretos e pardos como pessoas negras. No entanto, isso não é um consenso, já que muitos indígenas e mestiços de outras raças não negras também se consideram pardos. Também é importante destacar que, quanto mais escura é a cor da pele, maior é a manifestação cruel do racismo que recai sobre o indivíduo. Esse conceito, chamado de **colorismo** (termo identificado pela escritora e ativista estadunidense Alice Walker nos idos de 1982), é importante de ser analisado quando se pensa em um racismo mais profundo, quanto mais negra é a cor da pele do indivíduo.

O começo de vida dos africanos aqui no Brasil, sua captura e a violência que subsidiaram o genocídio moral, já seriam evidências suficientes para provocar uma expressiva indignação quanto aos abusos da raça branca, dita civilizada e evoluída, contra a raça negra, considerada por eles (os brancos) como uma raça inferior, destituída de humanidade, passível de orientações e custódia dos mais civilizados. Como mais um exemplo dessa crueldade sádica e sem limites, gostaria de apresentar um decreto assinado pelo rei de Portugal, com o intuito de coibir as fugas do escravizados que aconteciam em todo o Brasil. Isso evidencia, mais uma vez, a resistência sempre presente do povo negro, lembrando que, em todas as situações em que havia escravização, havia o desejo de libertação.

> A Metrópole não se conformava com aquilo que considerava um insulto à sua autoridade. Toma providências. Em 1741, mandará que seja rigorosamente cumprido o Alvará de 7 de março daquele ano onde se manda ferrar (ferro em brasas) com um F na testa (Fujão) todo negro que fugisse e fosse encontrado em quilombo, e cortar uma orelha em caso de reincidência. [...] Esse é um exemplo bem óbvio do que era o Direito daquela época (MOURA, 2020, p. 32-33).

Não podemos mudar o passado nem os fatos históricos; não somos responsáveis pela barbárie do "ontem sombrio". No entanto, a tomada de consciência no presente nos permite atuar com mais atenção para transformar e melhorar as relações raciais em nosso entorno. Trabalhar incansavelmente para convencer docentes de que urge a necessidade de um olhar crítico sobre as relações raciais nas escolas, segundo as orientações da Lei 10.639/2003, é um caminho que pode resultar em uma ação potente e satisfatória.

Outra possibilidade é renunciar aos privilégios que a branquidade imputa naturalmente, à população branca, o que é, de fato, uma ação mais difícil, delicada e complexa. Entender esses privilégios é um passo, mas mudar de verdade é uma longa jornada. Trilhar novos caminhos é muito assustador. Sair da tão conhecida zona de conforto e dar oportunidade à população negra de ocupar espaços de poder, antes interditados e impedidos, é uma missão quase impossível. Somente os estudos, a consciência, a política, a coragem e a humildade podem dar conta desses deslocamentos e dessa desconstrução. Só assim teremos chances concretas de bons resultados no futuro, para que possamos ver o racismo erradicado. Não há outro jeito. A eliminação do racismo das nossas vidas é responsabilidade de todos nós, negros e brancos.

4 UMA CONVERSA SOBRE LITERATURA NEGRO AFETIVA PARA CRIANÇAS E JOVENS

Literatura negro afetiva é um conceito criado por mim após escrever e defender a dissertação de mestrado, intitulada *A literatura infantil afro-brasileira como letramento racial e fortalecimento das identidades negras: uma narrativa autobiográfica*. Mesmo após a conclusão do trabalho, segui refletindo sobre a literatura que produzo e percebi que, sendo uma escritora negra, estou amparada dentro do conceito de literatura afro-brasileira para crianças e jovens. No entanto, esse conceito não me contempla totalmente. Foi lendo os livros do professor e poeta Cuti e da professora doutora e escritora Eliane Debus, e finalmente, da escritora estadunidense bell hooks, que minhas ideias se ampliaram. Aproveito para trazer uma citação importante sobre o tema.

> O sujeito étnico branco do discurso bloqueia a humanidade da personagem negra, seja promovendo sua invisibilidade, seja tornando-a ou mero adereço das personagens brancas ou apetrecho do cenário natural ou de interior, como uma árvore ou um bicho, um móvel ou qualquer utensílio ou enfeite doméstico. Aparece, mas não tem função, não muda nada, e se o faz é por mera manifestação instintiva, por um acaso. Por isso

> tais personagens não têm história, não têm parentes, surgem quão se tivessem origem no nada (CUTI, 2010, p. 88).

Enquanto analisava criticamente os meus livros, pude identificar muito amor e a presença de diversos personagens negros. Então, criei o conceito de **Literatura negro afetiva**[4] para crianças e jovens, com o objetivo de contribuir para o mundo dos livros voltados para esses leitores específicos. Anseio, por meio da proposição dessa literatura, que a questão racial seja de fato uma pauta importante dentro das escolas e desperte atenção e criticidade de avaliadoras e avaliadores de livros para crianças, racialmente falando.

Reitero que, nos espaços ficcionais que invento, o "ser negro" se faz presente na sua melhor versão: pessoas bonitas, calçadas, penteadas nos diversos penteados afros, sorridentes, felizes, com famílias e histórias para contar, que têm vez e voz. Assim, as narrativas negras, quase sempre escritas em primeira pessoa, possibilitam que personagens negros sejam valorizados e estejam sempre em destaque. São enredos enegrecidos que perpassam narrativas afetivas, cheias de ternura, encontradas em ambiências étnicas ou multiétnicas.

> Estas representatividade negras na literatura infantojuvenil são oportunidades para uma desconstrução de paradigmas literários hegemônicos, nos quais, infelizmente, ainda se identifica algumas vezes, uma ausência

---

[4] Para ler mais, buscar meu artigo no portal Geledés. ROSA, Sonia. Literatura negro afetiva para crianças e jovens. **Portal Geledés**, 31 ago. 2021. Disponível em: https://www.geledes.org.br/literatura-negro-afetiva-para-criancas-e-jovens/. Acesso em: 24 ago. 2022.

> de personagens negros em protagonismo evidenciando a invisibilidade e o desprezo pela existência da pessoa negra e exaltando, mais uma vez, a já tão exaltada branquidade (ROSA, 2019).

Abordo aqui, ainda, um tema específico para compor esse momento da conversa: a contribuição da literatura infantojuvenil com representatividade negra positiva. Tal literatura é importante no convívio escolar e fora dele; ela contribui para a formação racial das crianças, especialmente as menores, e atua como ferramenta para o letramento racial. Aprofundo este assunto em minha dissertação de mestrado já citada aqui, entre as páginas 105 a 109.

Na condição de escritora e especialista em leitura, reitero que a presença de livros de literatura infantil nas salas de aula, além de instaurar alegria e afeto entre alunas, alunos, professoras e professores, possibilita uma reflexão coletiva produtiva – dentro ou fora da sala de aula – sobre a vida e as coisas que dela fazem parte, tendo como referência os textos literários. O texto compartilhado, narrado e/ou contado é uma grande oportunidade para dialogar com o sensível de jovens leitoras e leitores. A presença do livro na infância desenvolve o gosto pela leitura, a criticidade e amplia conhecimento de mundo – conhecimento esse que é uma forma de libertação, porque nos proporciona desvelar o ambiente em que vivemos.

5 UMA CONVERSA INCÔMODA, MAS NECESSÁRIA, COM DOCENTES

> "Se a educação não transforma sozinha a sociedade, sem ela tampouco a sociedade muda. Se a nossa opção é progressista, se estamos a favor da vida e não da morte, da equidade e não da injustiça, do direito e não do arbítrio, não temos outro caminho senão viver plenamente a nossa opção. Encarná-la, diminuindo assim a distância entre o que dizemos e o que fazemos."
>
> (Paulo Freire).

Toda e todo professora e professor é um intelectual. Logo, carrega a responsabilidade de estudar a vida inteira para se atualizar e acompanhar os movimentos do mundo, suas mudanças, invenções, fragilidades e fortalezas. A pessoa que ensina é suficientemente corajosa para desconstruir certezas, desembaçar o olhar e ser humilde com os saberes novos; é uma profissional apta a desconstruir suas "verdades" e, mediante os apelos da ciência e das novas tecnologias, conseguir abraçar novas maneiras de atuar no mundo com alunas e alunos. Mas, como formar pessoas da melhor maneira possível?

Essa é a indagação que me estimulou a sempre estudar, sem nunca parar, mesmo após minha aposentadoria. Contribuir para a formação de pessoas – e não para a "deformação" – me deixa muito feliz. A deformação que cito aqui diz respeito a uma inversão dos resultados esperados do que considero formação. São equívocos ideológicos que afetam principalmente as "gentes pequenas" – as crianças. Essas deformações são resultado de reafirmações negativas e preconceituosas que ocorrem no cotidiano das escolas. Elas transformam a liberdade criativa do pensar do sujeito em limitações, que levam ao aprisionamento de ideias. É um dos riscos que corremos, quando não trazemos para nossas aulas a diversidade do mundo, seja ela racial, social, de orientação sexual ou de gênero. O mundo não pode ficar do lado de fora da escola. Já não é mais aceitável reforçar ou alimentar uma sociedade tão discriminatória e segregadora; ela precisa acompanhar a contemporaneidade e não se comportar como há cem, cinquenta ou mesmo trinta anos. Não adianta ter computadores, *site*s, aulas midiaticamente criativas, se a mentalidade de alguns profissionais da escola ainda estiver na Idade da Pedra.

É possível reverter a dinâmica, mas qual seria a estratégia para alcançar o feito? A resposta é simples e evidente: o conhecimento - e o espaço de excelência do conhecimento é a escola, espaço vivo e dialético de manutenção e de transformação da sociedade. Educadores e educadoras; professoras e professores, gestoras e gestores e autoridades governamentais sabem disso. Mas é no âmbito individual que precisamos responder a algumas perguntas, a fim de que se revele para nós mesmos qual é a nossa posição ideológica e como ela orienta nossas ações no mundo, já que isso interfere fortemente no trabalho dentro da escola.

É fato que vivemos em um país extremamente desigual. Por isso, é importante questionarmos para qual lado da sociedade estamos direcionando nosso trabalho docente, se desejamos transformar ou manter o estado atual das coisas. Em nosso íntimo, sabemos a resposta, mas quem, porventura, ainda não sabe, penso que é chegada a hora de se fazer um corajoso questionamento para entender o lugar que ocupa dentro das escolas onde atua. As ideias que você tem, relacionadas à sua própria existência, entram em conflito, agregam, rejeitam ou o fazem ignorar certos saberes?

Refletir sobre essas questões dará algumas pistas que evidenciarão o lugar, nem sempre assumido, de cada uma e cada um. São respostas de âmbito muito particular e íntimo, que guiam o nosso fazer pedagógico e a nossa maneira subjetiva de educar — ou deseducar — e de nos relacionarmos com as pessoas dentro das escolas, sejam alunas, alunos, docentes, outros funcionários, a direção ou mesmo as famílias da comunidade escolar.

Há também outros questionamentos a serem feitos: a quem sirvo? Por que estou aqui, nessa engrenagem educativa? Que seres humanos desejo formar por meio das minhas práticas pedagógicas? Tenho consciência do poder das minhas palavras, do meu afeto ou da falta dele em alguns casos? Compreendo a força das orientações que passo em sala de aula? Tenho empatia por todas as minhas alunas e todos os meus alunos? Ou só por alguns? Por que invisibilizo alguns e outros não? Por que não dedico a mesma atenção a todos eles? Estou aprisionado ou aprisionada em minhas ideias radicais e preconceituosas frente às diferenças? Exerço o racismo com consciência e não me envergonho disso?

Apesar disso, sou consciente de que, sendo racista, estou sujeito ou sujeita a penalizações, já que racismo é crime? Por que optei por deformar seres humanos, destruindo toda a possiblidade de inclusão e respeito às diferenças? Sou capaz de me colocar no lugar do outro para entender o impacto das minhas palavras e dos meus silêncios em situações adversas em sala de aula, incluindo as que envolvem discriminação e preconceito racial, mas que, muitas vezes, não consigo identificar precisamente ou frente às quais, mesmo identificando, não me posiciono?

Essas corajosas reflexões são fundamentais no campo individual para que possamos, no coletivo, avançar para uma escola antirracista, que seria um ganho qualitativo para a escola e para a sociedade como um todo, pois o desconhecimento, a deseducação e a falta de narrativas sobre a história e a potência das pessoas negras brasileiras são fatores diretamente conectados à construção do racismo. Em minha infância, os frágeis estudos da história de negras e negros nas escolas eram quase sempre realizados junto com as "celebrações oficiais" do dia 13 de maio, Dia da Libertação dos Escravizados. Porém, nem mesmo nessas aulas havia imagens que evidenciassem uma representatividade negra positiva para permitir o desenvolvimento do afeto das crianças.

Com o olhar crítico de hoje, percebo como a escola despertava e estimulava o amor de alunas e alunos à redentora princesa Isabel, uma representante branca da monarquia brasileira. A exaltação da bondade da princesa era, quase sempre, apresentada com imagens repletas de dor e morte da população escravizada. Homens, mulheres e crianças subalternizados, olhando para baixo, muitas vezes acorrentados. Cenas naturalizadas de torturas físicas e psicológicas. Eram essas as desconfortáveis cenas que ilustravam os livros didáticos da década de 1960. Os desenhos que retratavam corpos negros em sofrimento, expostos de maneira sádica, reafirmavam que os escravizados não deviam ser humanos como os europeus, os americanos e a corte real que habitava e dominava o Brasil, gente que se apresentava como elegante, penteada e bem vestida. A escola reproduzia, com muita destreza, a ideologia segregadora e racista, reafirmando, assim, a superioridade da população branca frente aos negros e aos indígenas, quando eram retratados.

A princesa Isabel, diziam as narrativas, era abolicionista, inteligente, caridosa, humana, gentil e muito generosa. No entanto, identifiquei, anos depois, por meio de múltiplas leituras, que ela não "acolheu" dignamente os negros livres. Não havia tanto transbordamento de bondade em seu ato. Foi antes de tudo um ato político, a favor de uma situação que já havia se tornado insustentável. Ela não ofereceu, junto com a assinatura da Lei Áurea, um plano de futuro para a população liberta naquele momento. Ela era o poder e, caso desejasse, poderia ter feito diferente. Este fato evidencia a falta de empatia dela em relação aos seres humanos negros. Depois dessas múltiplas leituras, entendi o contexto histórico do período pós-abolição e percebi o quanto o caminho dos negros libertos poderia ter sido diferente. Toda ode à princesa, construída pela escola em que estudei, e que morava dentro do meu peito, desabou como um castelo de areia.

Evidentemente que o dia 13 de maio de 1888, data da assinatura da Lei Áurea, teve grande importância para as vidas negras. Mas o dia seguinte, o 14 de maio de 1888, nunca será esquecido. Os reflexos desse feito ainda se fazem sentir até os dias de hoje pelas das dificuldades encontradas na caminhada do povo negro brasileiro, que segue sem uma política pública que o acolha com emprego, educação, moradia, cuidado e atenção com a saúde.

Hoje, felizmente, a Lei 10.639/2003 traz para dentro da escola a temática negra e a luta e a força de negras e negros africanos e seu legado, corroborando para a desconstrução do racismo impregnado nas relações escolares. É importante que educadoras, educadores e/ou gestoras e gestores das escolas nunca se esqueçam de que somos promotores de cultura, ciência, verdades dos fatos e conhecimento. Aliás, mais que promover, produzimos conhecimento por meio de leituras, estudos individuais e coletivos, formações, sejam em serviço ou fora dele, reflexões nas reuniões das escolas e muitas outras oportunidades. Aprendemos com nossas e nossos estudantes e suas famílias. Todo espaço é espaço de aprender, avançar e crescer.

Às vezes, é necessário retirar a roupa velha do corpo, roupa essa que nos esconde, endurece e aprisiona num tempo e num espaço. Primeiramente, devemos perceber esse dolorido processo "congelante das velhas ideias" e, depois, lutar contra ele. Não é fácil e exige muita coragem e disposição, mas, em favor de uma educação que contribua para a autonomia e liberdade das escolhas, precisamos sempre rever nossos conceitos. Reforço que somos professoras e professores, ou seja, intelectuais. Trabalhamos no campo das ideias, das sinapses cerebrais. Produzimos conhecimento. Pelo encadeamento de pensamentos críticos, desenvolvemos conceitos e criamos formas próprias de "ser professora" ou "ser professor", um ofício nobre, pois oferecemos a complexidade do mundo da forma mais agradável possível, com o objetivo de que as e os estudantes aprendam, avancem e se tornem indivíduos mais completos e autônomos, que contribuam para a melhoria do planeta no seu campo físico, ambiental e relacional entre gentes de tons de pele diferentes e jeitos distintos de viver e pensar.

Reforço, mais uma vez, que trazer o ensino da história e da cultura dos afro-brasileiros e africanos para todas as escolas do território nacional brasileiro é uma grande chave para ações efetivas dentro delas, numa perspectiva de uma educação antirracista de fato, que promova a melhoria da convivência inter-racial da nossa sociedade. As heranças africanas, como o jongo, o maracatu, a capoeira, o tambor de crioula, o acarajé, o vatapá e o azeite de dendê proporcionam, a partir da Lei 10.639/2003, a aproximação das e dos estudantes com a temática de uma linguagem cultural admirada e conhecida pela maioria da população brasileira.

Também aponto aqui a necessidade da aquisição de bonecas e bonecos negros para creches e escolas de educação infantil, para que, de forma lúdica, estudantes desenvolvam o afeto dentro da perspectiva da diversidade racial. A presença de livros com protagonismo negro e representatividade negra positiva contribui igualmente para formar nossas crianças da melhor maneira possível, pois livros com essas características atuam como ferramenta de letramento racial.

6   UMA CONVERSA QUE GERA MUITAS REFLEXÕES

> "Não basta não ser racista, é preciso ser antirracista."
> (Angela Davis).

A dificuldade de nomear o racismo nas relações escolares acontece por dois motivos: ignorância, já que não aprendemos a reconhecer o racismo; e por considerar naturais certos comportamentos danosos, inadequadamente nomeados como brincadeiras de mau gosto e não como o que são de fato, manifestações racistas. Quem vivencia uma experiência de racismo na escola carregará as marcas para toda a vida. É danoso e cruel. Faz adoecer, faz sofrer e silencia. Essas situações geram desencanto nos alunos e alunas vitimadas pelo racismo e podem provocar total desinteresse pela vida escolar.

Quando a criança negra não tem na escola, sua integridade física e psicológica garantida, pode perder a vontade de estudar, abandonando, assim, a possibilidade de vida acadêmica para sempre. O resultado é uma perda para as crianças, para suas famílias, para a escola e para a sociedade como um todo.

Os danos psicológicos são muito significativos para as crianças vítimas de racismo. É importante destacar que, quase sempre, os episódios são marcados pela solidão. Geralmente as crianças não recebem nenhum tipo de crédito ou têm alguém que esteja realmente ao lado delas nos conflitos racistas para defendê-las. Além disso, dificilmente ocorre, dentro da escola, alguma mobilização para discuti-los e minimizá-los.

Convido leitoras e leitores a uma reflexão delicada: aquela pessoa negra, introvertida, com dificuldade de se expressar verbalmente e interagir com os outros, que sempre se senta no fundo da sala e apresenta dificuldades de aprendizagem, pode ser um exemplo clássico de pessoa silenciada pela violência do racismo escolar. E, provavelmente, seu próximo passo será a abandonar os estudos.

Angela Davis, militante negra e feminista, contribui muito para as reflexões sobre o racismo presente em nossas convivências. A leitura de seus livros favorece a compreensão do que estamos aqui estudando. Nos EUA, seu país de origem, a população negra não chega a 15%, mas o ativismo negro é intenso. Estudando e pesquisando, vamos entendendo cada vez mais a realidade em que vivemos e nosso olhar se amplia, assim como se fortalece a nossa criticidade.

O fato de não percebermos os atos diários de racismo, é fruto das fragilidades da nossa formação. Apesar de suas quase duas décadas de existência, a Lei 10.639/2003 – que abrange todo o território nacional, aponta caminhos e nos provoca a estudar sobre a temática negra, com o objetivo de diminuir o racismo dentro do ambiente escolar -, ainda é desconhecida ou simplesmente ignorada por alguns educadores.

Considero importante que os conhecimentos ligados à potência negra – sua história, a vinda de africanas e africanos para o Brasil, as lutas pela liberdade, os territórios quilombolas como espaço de resistência e o empoderamento da população negra – sejam devidamente orientados e cada vez mais trabalhados nos currículos das escolas públicas e particulares, como sugere a referida lei. O trabalho efetivo com ela é um grande antídoto para o alastramento do racismo escolar nas convivências. Contemplá-la, de fato, dentro das escolas, é uma alternativa concreta para enfrentar, no coletivo de cada ambiente escolar, as deficiências desses saberes e buscar superar as fragilidades, por meio de estudos, leituras, cursos, congressos, trocas entre colegas, tanto no campo individual quanto no coletivo. Existem excelentes materiais pedagógicos disponíveis gratuitamente nas redes midiáticas. Dentre eles, a série *A Cor da Cultura*[5], do Canal Futura (2006) que, mesmo depois de tanto tempo de produção, muito contribui para a formação e circulação de temáticas negras.

A gestão da escola pode contribuir muito, ao trazer a Lei 10.639/2003 como pauta de discussões e ao inseri-la efetivamente no currículo da instituição. A formação em serviço é uma boa estratégia para que fiquemos atentos e atualizados quanto aos urgentes conteúdos e saberes pautados na diversidade racial. Sugiro que gestoras e gestores que já abraçam a lei em sua escola, compartilhem esse trabalho tanto com as familiares de estudantes, quanto com outras gestões. É uma atitude simples, mas que pode gerar grandes resultados para todos.

---

[5] PLANO de aula: kit A cor da Cultura para professor. **Gledés e o projeto A cor da Cultura**, 14 jun. 2011. Disponível em: https://www.geledes.org.br/plano-de-aula-kit-cor-da-cultura-para-professor/. Acesso em: 25 ago. 2022.

7 UMA CONVERSA FRANCA SOBRE A LEI 10.630/2003

> "Jesus apresentado na Bíblia nada tem a ver com fundamentalismos, discurso de ódio, acúmulo de riquezas, estímulo à violência. A mensagem do Evangelho de Jesus está vinculada ao amor, ao respeito à diversidade, ao respeito aos pobres e oprimidos."
> (Pastor Henrique Vieira).

Deixo nesse ponto da conversa um pedido a familiares e/ou responsáveis por crianças em idade escolar que estão lendo o presente livro: por gentileza, indaguem nas escolas delas como a Lei 10.639/2003 está sendo efetivada. É um pequeno gesto de indagação e de cobrança, que pode assegurar que nenhuma escola deixe de lado a abordagem da lei. Os bons resultados obtidos nessa simples ação fortalecem a caminhada para a melhoria das relações étnico-raciais e para a erradicação do racismo dentro e fora das escolas.

Vamos agora refletir sobre a dificuldade que educadoras e educadores apresentam em lidar com a Lei 10.639/2003, no que se refere à religiosidade, um comportamento que revela uma limitação de conhecimento, já que, com um pouco de interesse sobre o assunto e o desejo de avançar e superar os entraves, é possível obter bons resultados na formação tanto de estudantes quanto de docentes.

Não podemos esquecer que o continente africano é plural, composto por muitas culturas e 54 países distintos e complexos. Em alguns deles, a religiosidade se mistura e se confunde com a cultura. O cardápio religioso é intenso e diverso, devido a uma abundante variedade étnica. Atualmente, existem muitas religiões, dentre as quais, as tradicionais africanas bantus e iorubás, e as abraâmicas (cristianismo, islamismo e judaísmo). Lamentavelmente, nem sempre essa diversidade religiosa é harmônica; muitas vezes ela gera confrontos sérios.

É importante ter em mente que a complexidade das religiões africanas não deve ser estudada sob uma única ótica, mas considerando o processo de colonização de alguns países. Os saberes ligados ao processo de colonização nos desvelam um mundo dividido entre um povo que se impõe a outro. Algumas relações de poder, fruto da colonização, ainda persistem em relações internacionais. Contemplar este ponto amplia a compreensão sobre o racismo. Para aprofundar-se no tema, sugiro os conteúdos de Paul Gilroy e Anibal Quijano.

Mas vamos falar sobre o cenário brasileiro. Aqui no Brasil, é garantido por lei o livre exercício de crença de cada cidadã e cidadão. Escolher uma religião, afinar-se com seus preceitos, não é considerado um desvio de conduta ou um comportamento ilícito — e nem deveria ser. A escolha individual é livre. Está na lei, em nossa Constituição. No entanto, a intolerância religiosa, infelizmente, atinge muitas religiões e segrega diversas pessoas. Em nosso país, nenhuma orientação religiosa foi e é tão perseguida como as denominadas afro-brasileiras, como a umbanda e o candomblé, com ataques cada vez mais violentos a terreiros.

A intolerância religiosa é um comportamento racista e discriminatório. É dever da escola abrir os olhos de estudantes quanto ao assunto. A instituição pode, por exemplo, oferecer um trabalho interdisciplinar sobre as religiões do mundo e, depois, trazer para mais próximo da realidade, abordando o assunto no cenário brasileiro, no estado em que residem, em sua cidade... Essa é uma atividade que pode contribuir para a valorização das escolhas religiosas das famílias de cada aluna e aluno.

Estudar as religiões como formas de existências, além de ser interessante e respeitoso, é rico para todo mundo. Por ser tão complexo, sugiro a cartilha: *Liberdade religiosa: A proteção da fé*, do Centro de Estudos das Relações de Trabalho e Desigualdades (Ceert[6]), que desenvolve um trabalho muito potente na busca da equidade racial e de gênero em nosso país. Fica aqui mais uma dica: vi*site*m o *site* https://www.ceert.org.br/. Lá é possível encontrar artigos muito bons para o público interessado na temática negra.

Para esse momento da conversa, apresento aqui três representantes religiosos, distintos em sua fé, mas juntos na valorização e no respeito à população negra, que muito contribuem com suas palavras e presença na diminuição da intolerância religiosa. São eles: Babalaô Ivanir Costa, registrado há décadas e iniciado na Nigéria há muitos anos, que está profundamente envolvido na luta contra a intolerância religiosa; Frei Davi, à frente da Organização não Governamental (ONG) Educação e Cidadania de Afrodescendentes e Carentes (Educafro), que atua incansavelmente

---

6   SILVA JÚNIOR, Hédio. **Liberdade Religiosa**: a proteção da fé. São Paulo: Ceert, 2009. Distribuição gratuita do livro em contato@ceert.org.br.

em importantes ações a favor da população negra; e Henrique Vieira, pastor da Igreja Batista do Caminho, professor, militante de direitos humanos, formado em Teologia, Ciências Sociais e História.

Para o desamor, muito amor. Receita infalível que atravessa os tempos e todas as religiões – ou pelo menos deveria. Amém! Axé!

8 UMA CONVERSA SOBRE O LETRAMENTO RACIAL: LER POTENCIALIZA NOSSA IMAGINAÇÃO

Criei este poema para facilitar o meu próprio entendimento sobre o termo "letramento racial". Para mim, nomear de maneira poética esse processo foi libertador!

> As letras em movimento geram palavras
> Que geram textos e sentidos
> Que geram infinitas e múltiplas combinações
> Que geram saberes
> Que geram novos saberes
> Que se transformam em um estudo, uma provocação
> Uma desconstrução, um entendimento
> Chamado Letramento.
> (ROSA, 2019, p. 19)

Os estudos específicos sobre as questões raciais me deslocaram e apresentaram alguns saberes preciosos, além de potencializar a minha percepção sobre o racismo instalado nas convivências. A revelação dos aspectos "não visíveis" do racismo afinou-se com a compreensão cada vez maior sobre a contribuição possível do letramento racial. Não é por acaso que o termo "letramento racial" está no título de minha dissertação.

A palavra "letramento" e seu significado tem sua origem nos estudos sobre alfabetização. A professora Magda Soares (1998, p. 39), conceituada pesquisadora do Centro de Alfabetização, Leitura e Escrita (Ceale) da Faculdade de Educação da Universidade Federal de Minas Gerais (UFMG), nos explica que letramento é o "resultado da ação de ensinar e aprender as práticas sociais de leitura e escrita. O estado ou condição que adquire um grupo social ou um indivíduo como consequência de ter-se apropriado da escrita e de suas práticas sociais".

Existem, portanto, diversos tipos de letramentos diretamente relacionados a suas linguagens e aplicações: letramento matemático, letramento tecnológico, letramento visual, letramento geográfico e letramento econômico são alguns exemplos. Já no âmbito dos estudos sobre letramento racial propriamente dito, deixo a resposta da professora, pesquisadora e especialista em branquidade, Lia Vainer Schucman, em entrevista no ano de 2015 à Agência FAPESP — Fundação de Amparo e Pesquisa do Estado de São Paulo —, quando lhe perguntam: Como o letramento racial funciona?

> É um conjunto de práticas, baseado em cinco fundamentos. O primeiro é o reconhecimento da branquitude. Ou seja, o indivíduo reconhece que a condição de branco lhe confere privilégios. O segundo é o entendimento de que o racismo é um problema atual e não apenas um legado histórico. Esse legado histórico se legitima e se reproduz todos os dias e, se o indivíduo não for vigilante, ele acabará contribuindo para essa legitimação e reprodução. É o mesmo que acontece em relação ao machismo. Seja homem ou mulher, se a pessoa não for vigilante, ela

> acabará contribuindo para a legitimação e a reprodução do machismo. O terceiro é o entendimento de que as identidades raciais são aprendidas. Elas são o resultado de práticas sociais. O quarto é tomar posse de uma gramática e de um vocabulário racial. No Brasil, evitamos chamar o negro de negro. Como se isso fosse um xingamento e como se evitar essa palavra pudesse esconder o racismo. Para combatê-lo, temos de ser capazes de falar de raça abertamente, sem subterfúgios. O quinto é a capacidade de interpretar os códigos e práticas "racializadas". Isso significa perceber quando algo é uma expressão de racismo e não tentar camuflar, dizendo que foi um mal-entendido. É o caso daquele casal branco do Rio de Janeiro que foi comprar um carro levando junto o filho negro adotado. E o vendedor enxotou a criança, que considerou um "menino de rua". Depois, o vendedor ou alguém da loja tentou se desculpar, dizendo que havia sido um mal-entendido. Não, não foi um mal-entendido. Foi uma expressão pura e simples de racismo (SCHUCMAN, 2015, p. 32).

Os livros de literatura infantil e infantojuvenil com representatividade negra e/ou protagonismo negro atuam como formadores de crianças no que se refere à educação racial. Gostaria de sugerir também duas pesquisadoras com livros e trabalhos sobre o letramento racial: a professora Talita de Oliveira, do Rio de Janeiro, e Maria Aparecida Ferreira de Jesus, de Ponta Grossa, no Paraná; ambas atuantes no mundo acadêmico contemporâneo.

A presença de livros com temática negra e protagonismo negro nas escolas é de suma importância para a formação de todas as crianças, negras e não negras. Essas literaturas ganharam diversos nomes ao longo do tempo — literatura negra, afro-brasileira, negro-brasileira, negro afetiva, afrocentrada, negro-periférica, negro-brasileira do encantamento infantil, literatura africana. Todas elas, além de aguçar o prazer pela leitura e proporcionar intimidade com a língua, tendem a eliminar estereótipos ligados à diversidade racial, desconstruindo preconceitos e diminuindo a discriminação. Muitas delas instauram a afetividade entre personagens negros e leitores de qualquer tom de pele. Disponibilizar para crianças e jovens essas histórias é uma ação de formação antirracista muito eficaz. Temos cada vez mais autores que trabalham nesta linha, como Kiusam de Oliveira, Cidinha da Silva, Heloisa Pires Lima, Júlio Emílio Braz, Rogério Andrade Barbosa, Otávio Júnior, Lucimar Rosa Dias, Simone Mota, Rodrigo França, Sinara Rúbia, Rui Rosa e Lázaro Ramos.

A representatividade do protagonismo negro é fundamental para fortalecer as identidades negras e compreender a urgência de contar outras histórias em que personagens e narrativas não eurocêntricas sejam apresentadas. Ler livros com imagens e textos nos quais a diversidade é contemplada de maneira respeitosa faz diferença na formação desses leitores. As crianças ou jovens negras e negros se sentem confortáveis quando se veem representados de maneira digna e feliz. Sua autoestima fica fortalecida. Já a criança branca, ao ter um livro de protagonismo negro nas mãos, tem a oportunidade (por vezes, a primeira ou a única) de vivenciar uma experiência com a diversidade. Muitas vezes, essas crianças não encontram tal diversidade na convivência familiar, no convívio social ou no seu entorno. Assim, são livros fomentam o afeto e contemplam a humanidade da população negra, fortalecendo, de maneira muito positiva, o imaginário das crianças. Uma formação eficaz e fundamental para a sociedade antirracista que todos nós desejamos.

9 UMA CONVERSA QUE REFORÇA CAMINHOS A SEGUIR...

Ainda que essa conversa esteja um pouco longa e, por vezes, repetitiva (já que meu compromisso é incutir no pensamento de quem lê essas reflexões), sinto-me provocada a contemplar as forças, as inteligências, as sensibilidades da população negra e lembrar o quanto é imprescindível estudar sobre a existência dos grandes feitos e das heroínas e heróis negros, que, em sua maioria, são desconhecidos e invisibilizados da população com um todo. Precisamos mostrar a outra face da nossa história.

É urgente e imprescindível partilhar histórias de heróis e heroínas negras e negros para fortalecer as identidades das crianças negras e, consequentemente, melhorar a autoestima delas enquanto, reforço, para as crianças "não negras" é uma oportunidade de ampliar seu conhecimento de mundo e descobrir novas formas de feitos, afetos, heroismos e existências. Todas as infâncias ganham com esses saberes, pois todas as infâncias importam!

É preciso que nós, educadoras e educadores, reconheçamos, identifiquemos e enfrentemos com coragem o racismo em nossas convivências escolares, suas sutilezas, seus esconderijos. Não esqueçamos de que a vida pulsa e explode no cotidiano das escolas, nos ensinando e nos fazendo aprender o tempo todo. Nessa dinâmica de trocas intermináveis, é necessário ter no coração o compromisso de garantir que a escola seja um espaço de alegria, de convivências saudáveis e amorosas. É preciso estar atento para nunca magoar as infâncias.

Estudemos mais. Estudar desmistifica ideias e nos faz compreender o mundo e as coisas do mundo. É o passo primordial para destruir a logística do racismo, sua manutenção e perpetuação.

Preservemos com afinco a infância dos e das estudantes. Sigamos juntos e abertos aos novos caminhos que a vida nos oferece dentro e fora da escola. E que a Lei 10.639/2003 seja um grande guia para o fazer pedagógico. Que nenhuma escola pública ou particular deixe de promover a efetivação desta lei.

Para finalizar essa parte da conversa, gostaria de apresentar duas mulheres que atuam na valorização da literatura com temática negra e a potência do letramento racial. As duas reforçam como é importante o uso da criatividade para traçar novos caminhos. A pedagoga Tatiane de Oliveira e a professora, escritora e pesquisadora em letramento(s) de inspiração **griô**, Sinara Rubia. Duas mulheres negras militantes da circulação de histórias com protagonismo negro, que contribuem para o empoderamento da literatura voltada para a temática negra. Enquanto a primeira comercializa os livros em variados espaços dos "eventos pretos" do Rio de Janeiro, a segunda forma contadores de "histórias pretas" e organiza rodas de contação dessas histórias. As duas educadoras oferecem um repertório abundante de livros de variados autores. Tatiane, que já foi assistente editorial, é fascinada pelo mundo dos livros. Ela é dona da *Nia*

Produções Literárias, empresa que veicula livros da temática, faz consultoria em escolas e edita obras literárias de autores negros. Já Sinara Rubia, fundou o grupo *Ujima* de contação de histórias, e seu curso de formação de contadores de histórias pretas tem sempre fila de espera. Ambas atuam com alegria no cenário cultural carioca e são entusiastas da Lei 10.639/2003. Duas mulheres potentes.

PARTE 2 - UM DIÁLOGO COM A HISTÓRIA E COM O FUTURO

1 SABERES COM BASE NUM OLHAR HISTÓRICO

O mundo do conhecimento é instigante, mas cheio de nós, que podem ser bem apertados. Afrouxá-los é uma satisfação, ainda mais quando essa ação é feita coletivamente. De vez em quando, acontece o inesperado: ao desatá-los, imediatamente descobrimos outros, numa cadeia infinita de desatar nós... É uma dinâmica inquietante, que fez com que, diante de tantos nós, eu escolhesse os mais convenientes para poder desfazê-los junto de quem lê este livro. Não foi uma escolha fácil.

Um desses nós apertados, que provoca também um nó na garganta, foi a queima dos arquivos dos documentos relativos à escravização, em 14 de dezembro de 1890, por ordem do então ministro da Fazenda, Ruy Barbosa. Intelectual abolicionista e advogado respeitado, Ruy Barbosa tinha grande apreço pela palavra, seja ela dita, escrita ou em formato de leis e foi um dos fundadores da Academia Brasileira de Letras (ABL). Sob o argumento de que precisava livrar a nação do pagamento de grandes indenizações aos ex-escravocratas, assinou um documento que anunciava a queima de todos os registros de cartório sobre compra e venda de escravos no Brasil, incluindo livros de matrícula, controles de aduana e registros de tributos (conforme noticiado à época pelo jornal O Estado de São Paulo[7]). Os arquivos, queimados em praça pública no Rio de Janeiro, transformaram em cinzas a origem oficial documentada de negras e negros africanos que para cá vieram no desumano comércio de gente. Por outro lado, acredita-se que a intrigante queima dos documentos também tenha buscado impedir que ex-escravos pudessem ter acesso às datas de suas compras, que poderiam ser usadas para exigir indenização por terem sido ilegalmente escravizados, já que desde 7 de novembro 1831 o tráfico de escravos para o Brasil havia sido proibido. Se não há prova documental, não há fato. Indigesto. O nefasto acontecimento alinha-se perfeitamente a um dos versos do Hino da República[8] ("Nós nem cremos que escravos outrora tenha havido em tão nobre País"), cuja letra eu analiso um pouco mais adiante neste livro.

Um assunto que me intriga muito e merece uma breve abordagem é a relação existente entre a Revolução Francesa e a Revolução do Haiti. Sabemos todos que a Revolução Francesa, um ciclo revolucionário que aconteceu entre 1789 e 1799, foi responsável pelo fim dos privilégios da

---

7   A destruição dos documentos sobre a escravidão. **O Estado de S. Paulo**, 14 dez. 2015. Disponível em: http://m.acervo.estadao.com.br/noticias/acervo,a-destruicao-dos-documentos-sobre-a-escravidao-,11840,0.htm#:~:text=Em%201890%2C%20ministro%20Ruy%20Barbosa,documentos%20que%20tratassem%20do%20tema&text=Em%2014%20de%20dezembro%20de,de%20documentos%20referentes%20%C3%A0%20escravid%C3%A3o. Acesso em: 26 ago. 2022.

8   ALBUQUERQUE, José J. de C. da C. de Medeiros; MIGUEZ, Leopoldo Américo. Hino da Proclamação à República, 1890. **Letras**. Disponível em: https://www.letras.mus.br/hinos/hino-da-proclamacao-da-republica/. Acesso em: 26 ago. 2022.

aristocracia e pelo término do Antigo Regime, que envolveu, inclusive, a pena de morte ao rei e à rainha do país. Já a Revolução Haitiana foi um período de conflito brutal na colônia de Saint-Domingos, de 1791 a 1804, que levou ao fim da escravização e à independência do país. O Haiti foi a primeira república governada por pessoas de ascendência africana, o que causou medo e estranhamento nas outras coroas do mundo em relação a suas colônias. Essas revoluções aconteceram paralelamente e marcaram a história da humanidade. No entanto, a resistência e a vitória pela independência no Haiti geraram um desconforto generalizado e talvez, por isso, o feito glorioso do povo negro tenha sido tratado com descaso e invisibilidade dentro dos muros escolares. A luta dolorosa pela independência do Haiti, com sua população majoritariamente negra, controlada por uma minoria de brancos franceses, foi um dos motivos da revolta. Os haitianos, de forma vitoriosa, disseram não à colonização. A pesquisa das duas revoluções gera um nó apertado, bem na garganta, para quem estuda racialidade seriamente.

O estudo das duas revoluções é um saber precioso para entendermos o poder branco e a injustiça histórica contra a população negra mundo afora. Podemos constatar, com tristeza, a grande ironia neste estudo: os pilares da Revolução Francesa foram liberdade, igualdade e fraternidade, mas serviam apenas aos franceses, e não aos haitianos. Incoerência.

Desde a sua independência, o Haiti sofre as consequências do feito heroico e corajoso. Acompanhar as condições em que a população haitiana ainda hoje se encontra, por conta de questões políticas, econômicas e estruturais, nos atinge emocionalmente. É como se o país sofresse uma punição histórica em forma de retaliação. O Haiti carece de um "acolhimento" mundial real.

As duras reflexões que faço aqui sobre essas revoluções e assuntos que apresento a seguir, são tristes constatações que cabem na nossa conversa. Recomendo para quem lê este livro, caso deseje ampliar e aprofundar os saberes relacionados aos temas abordados, que pesquisem mais sobre eles, pois é possível encontrar muita informação relevante que dialoga com o teor deste livro.

2 A CONFÊRENCIA DE BERLIM

Os estudos sobre a Conferência de Berlim (novembro de 1884 – fevereiro de 1885[9]) são fundamentais para a compreensão dos valores do mundo dito ocidental ao final do século XIX e precisam ser vistos com a criticidade necessária. Durante o período, uma ação político-econômica, reafirmou-se a (mal)dita "superioridade branca", com consequências nefastas para a população do continente africano. Em mais esse grande absurdo histórico, os brancos tiveram a oportunidade de exercer seus poderes, subalternizando um continente inteiro (ou quase), aos caprichos de suas cobiças territoriais.

Os participantes da Conferência de Berlim desejavam, dentre outros objetivos, resolver conflitos emergentes entre países europeus pelas dominações de territórios africanos e dividi-los diplomaticamente entre si. Representantes de treze nações, mais o extinto Império Otomano, participaram da Conferência. À exceção da Etiópia e da Libéria, todos os Estados que hoje compõem a África foram divididos entre os países colonizadores poucos anos após o encontro. A Conferência, também conhecida como Partilha da África, resultou na divisão de um continente inteiro pelos europeus, pois os africanos não foram convidados para a

---

[9] SILVA, Daniel Neves. Conferência de Berlim. **Brasil Escola**. Disponível em: https://brasilescola.uol.com.br/historiag/conferencia-berlim.htm. Acesso em: 26 ago. 2022.

reunião. Isso significa que, naqueles sombrios três meses, o destino de pessoas, bichos, rios, montanhas, mata, etnias e lideranças da África foi decidido à revelia dos povos africanos

Os danos são até hoje imensuráveis e determinados países ainda sofrem com seus efeitos. Alguns historiadores consideram que a Conferência de Berlim foi a origem de futuros conflitos internos na África. Tal fato histórico tão relevante, nos leva a refletir sobre palavras como colonialismo, poder, desigualdade e desrespeito. Tristeza. Perda.

Olhando para o mapa do continente africano, podemos detectar facilmente que as fronteiras entre Angola e Zâmbia ou Mauritânia e Mali, por exemplo, desrespeitam os acidentes geográficos desses países, como rios e morros. Recomendo que você abra na internet, um mapa desse continente para entender melhor a questão que levanto aqui.

3   ÁFRICA: UM CONTINENTE, 54 PAÍSES

Quero ressaltar que a pluralidade africana, no seu sentido mais amplo, explode nos 54 países que compõem o continente. São culturas e existências humanas muito distintas. A África é um grande e antigo continente, com muitas histórias de lutas, guerras, perdas e conquistas.

A diversidade não se dá apenas no aspecto geográfico, político e econômico, mas também na gama de variadas manifestações religiosas, como as religiões ditas africanas, as evangélicas, o islamismo, o catolicismo e as que fazem cultos aos orixás, para citar apenas algumas. As religiosidades africanas são sempre assuntos tensos, complexos e sensíveis. Muitas vezes, o imaginário euro-cristão, de base racista, concebe a existência de apenas uma prática religiosa dentro do imenso continente, um desconhecimento que reforça preconceitos e legitima a intolerância religiosa em nossas convivências.

O culto aos orixás, por exemplo, uma das múltiplas manifestações religiosas africanas (o contato com o "divino", representado pelos elementos da natureza, tem uma bela e convincente fundamentação filosófica sobre a criação do mundo), é uma das tantas religiões de alguns países. Essas religiões, por sua vez, dialogam com outras, de outros países, que expressam essas e outras diversidades religiosas.

Os idiomas presentes nos países africanos também representam a pluralidade e a grandeza do continente. Dos 54 países, apenas cinco falam a língua portuguesa: Angola, Moçambique, Guiné-Bissau, São Tomé e Príncipe e Cabo Verde (arquipélago com dez ilhas). Mas, atenção: embora o português seja língua oficial, muitas outras línguas circulam nesses países, que mantiveram suas línguas nativas locais. Essa singularidade aponta a resistência à língua do colonizador, já que não podemos perder de vista que a língua também é uma maneira de imposição na "forma de falar, pensar e ouvir", para que se compreenda e se acate as ordens do colonizador. A língua é a marca da colonização. Então, provoco: qual é a verdadeira língua materna brasileira? A dos colonizadores que aqui chegaram no século XVI ou as dos muitos indígenas que aqui viviam?

Sabemos que a África é o terceiro maior continente da Terra. Tem uma extensão de cerca de 30 milhões de km² e mais de 800 milhões de habitantes em seus atuais 54 países. Cortado, ao mesmo tempo, pela Linha do Equador e pelo Meridiano de Greenwich, se estende pelas principais divisões geográficas conhecidas do planeta. Por isso, assim como vimos na conversa anterior, sobre a Conferência de Berlim, reforço a importância de olharmos sempre o mapa de África, a fim de compreender a grandeza do continente.

4   UM PAÍS RACISTA (AINDA) OU... O BRASIL, QUANDO SE OLHA NO ESPELHO, NÃO GOSTA DO QUE VÊ

Sim! O Brasil gostaria de ser um país branco. O descontentamento existe desde o século XIX, quando a população negra foi se tornando majoritária dentro da sociedade brasileira, resultado de praticamente trezentos anos de escravização, e se fortaleceu ao longo dos anos. E ainda hoje o Brasil se deseja branco. Por isso, busca referências eurocêntricas para legitimar a identidade branca que sempre almejou. Relacionado ao darwinismo social[10], o **racismo científico** ganhou força em meados do século XIX na Europa e, anos mais tarde, no Brasil, mobilizando a elite intelectual do nosso país. Uma cultura de segregação "cientificamente fundamentada" – posteriormente classificada como equivocada, sem comprovação científica – se alastrou pela sociedade branca.

As ideias difundidas pelo darwinismo social defendiam que as sociedades evoluem naturalmente de estágios inferiores a superiores e mais complexos de organização social. Assim, povos ditos civilizados (os europeus) tinham o dever de ocupar, dominar e explorar as culturas "mais

---

10   SENA, Ailton. Darwinismo Social. **Educa+ Brasil**, 7 out. 2020. Disponível em: https://www.educamaisbrasil.com.br/enem/sociologia/darwinismo-social. Acesso em: 26 ago. 2022.

atrasadas", a fim de levar-lhes desenvolvimento, progresso, avanços tecnológicos, para que alcançassem estágios superiores de civilização; daí nasce o conceito de eugenia.

A população brasileira estava enegrecida e havia um descontentamento e uma preocupação em relação à civilidade do povo brasileiro. Havia entendimentos equivocados de que a mestiçagem era nociva e gerava seres de "qualidade" inferior. O termo mulato, por exemplo, ficou emblemático, pois a palavra carrega, em sua definição, características racistas. Existem diferentes teorias a respeito da origem do termo; alguns dizem que deriva de uma palavra árabe referente à mestiçagem étnica e, outros, que vem de "mula", ou seja, "animal híbrido, estéril, um produto menor e de baixa qualidade, fruto do cruzamento do cavalo com a jumenta, ou da égua com o jumento". Seja como for, o que é certo é que a palavra surgiu com base em ideário racista.

O racismo científico tornou-se tão presente na sociedade que, à época, importantes produções, decisões e publicações médicas, literárias e políticas se fundamentaram na teoria e deixaram vestígios impressos que fortalecem o racismo no Brasil até hoje. Esses vestígios podem ser identificados pela dinâmica da presença do racismo entre nós e pelas estratégias de branqueamento propostas de forma sutil pela mídia e pelas convivências sociais, em que o ser branco é referência de beleza, prosperidade, inteligência, civilidade e poder.

Além disso, houve um conjunto de ações implementadas pelo governo brasileiro no pós-abolição para clarear a população brasileira. Os imigrantes que aqui chegaram em diversos momentos históricos para trabalhar na lavoura (muitos chegaram antes da abolição) tiveram tratamento diferente do povo negro, mesmo depois de livre. Muitos dos imigrantes que para cá vieram com suas famílias, receberam, como política do estado brasileiro, passagens de navios, terras para morar e trabalhar, isenção de impostos dessas terras e assistência mínima à saúde e à educação. Apesar do excessivo trabalho e das dificuldades inerentes a toda pessoa que se desloca de sua terra natal para outra, os imigrantes tiveram "certo acolhimento" para iniciar sua caminhada em solo brasileiro. Muitas dessas caminhadas resultaram em sucesso desfrutado até hoje pelos seus descendentes. É justo pontuar aqui que nem todos os imigrantes foram tão bem recebidos assim. Alguns vieram e foram demasiadamente explorados, com promessas de poses de terras, que muitas vezes não se cumpriram. Alguns deles trabalhavam quase em regime de escravidão.

No entanto, para seguir nossa conversa, é preciso dizer que esses imigrantes tiveram várias maneiras de atuar em nossa sociedade, desde o momento da sua chegada. Havia aqueles que pagavam com seu salário as terras disponibilizadas para o trabalho do plantio, em regime de parceria ou de colonato. Em alguns casos, a passagem de navio era paga de maneira parcelada, com o suor do trabalho. Com relação ao branqueamento da população brasileira, isso precisa ser dito, a vinda dos imigrantes despertou grande esperança para elite intelectual, política e financeira, que entendia que, pela presença maciça de imigrantes brancos, a cor da pele dos brasileiros iria gradativamente clarear; ao final de três gerações, a raça negra desapareceria por completo de nosso país. Em 1911, o diretor do Museu Histórico Nacional, João Baptista de Lacerda, expôs essas ideias em Paris durante o Simpósio Internacional das Raças, do qual participou como representante brasileiro. Para ele e um grupo da elite política, intelectual e rural brasileira, a transformação do tom de pele deixaria o Brasil pronto e preparado para ser um dos principais centros civilizados do mundo. Mais uma história absurda nesse Brasil brasileiro...

4.1 A lei do boi[11]

> "O fato de o preconceito racial recair sobre a população não branca está diretamente relacionado ao fato de os privilégios raciais estarem associados aos brancos. O branco não é apenas favorecido nessa estrutura racializada, mas é também produtor ativo dessa estrutura, através dos mecanismos mais diretos de discriminação e da produção de um discurso que propaga a democracia racial e o branqueamento. Esses mecanismos de produção de desigualdades raciais foram construídos de tal forma que asseguraram aos brancos a ocupação de posições mais altas na hierarquia social, sem que isso fosse encarado como privilégio de raça."
> (Lia Vainer).

Em todos os encontros de que participo para refletir coletivamente sobre os efeitos avassaladores do racismo, sempre cito a Lei do Boi. E sempre provoco surpresa. Na maioria das vezes, a lei aparece como uma informação nova. A falta de circulação de notícias como essas contribuem

---

[11] BRASIL. Lei no 5.465, de 3 de julho de 1968. Dispõe sobre o preenchimento de vagas nos estabelecimentos de ensino agrícola. Disponível em: https://www2.camara.leg.br/legin/fed/lei/1960-1969/lei-5465-3-julho-1968-358564-publicacaooriginal-1-pl.html. Acesso em: 26 ago. 2022.

para legitimar a manutenção de privilégio da branquidade. Por isso, as "notícias" precisam ser compartilhadas e essa é a razão pela qual, nas reflexões coletivas sobre o racismo, sempre me ancoro em fatos e feitos para subsidiar minha narrativa. Quem ainda não foi tocado pelas questões raciais, precisa tomar ciência das inúmeras estratégias da sociedade para que o racismo se concretize, preservando os privilégios por meio da manutenção da "diferença" e/ou impedindo o acesso às conquistas materiais e intelectuais da população negra.

Sei que muitas vidas negras buscam seguir seus caminhos da melhor forma possível. No entanto, vão encontrando obstáculos que cansam, minam a autoestima e as fazem desistir. O conceito de **meritocracia** sempre é difundido para desautorizar as queixas da população negra; ele é julgador e desconsidera os diferentes pontos de partida e as injustiças que geram diferentes obstáculos no caminho.

É importante reconhecer que houve um progresso significativo na percepção da meritocracia como falácia; seu marco foi a implantação da política de cotas nas universidades. Considero a política de cotas algo extremamente importante e legítimo para a população negra conseguir seguir o seu caminho e obter sucesso, conquistar, prosperar, mostrar o seu valor. É uma conquista de base, fruto das militâncias negras, mas que sempre causou um desconforto na branquidade, que não quer perder, só ganhar; nunca dividir, só multiplicar; quanto mais tem, mais quer. A revelação da lei do privilégio, dita Lei do Boi, provoca uma pergunta: quem, historicamente, considerando o teor dessa conversa, precisa ser amparado e reparado?

Ironicamente, a Lei do Boi foi a primeira lei no Brasil a garantir cotas nas universidades públicas. Sempre soube que algumas informações não são disponibilizadas, ou seja, elas não têm uma circulação satisfatória pelos vários setores da sociedade. Entendo que isso acontece porque talvez se busque não causar muito desconforto nas pessoas inseridas nessas situações ou mesmo para protegê-las. É o caso da Lei do Boi, uma lei federal de 3 de julho de 1968, proposta pelo deputado Último de Carvalho, durante o governo militar de Costa e Silva. A lei foi um marco na busca da manutenção do poder financeiro de um grupo já tão privilegiado da sociedade. Ela "dispõe sobre o preenchimento de vagas nos estabelecimentos de ensino agrícola" e estabelece, no seu artigo 1º, o seguinte (texto conforme a ortografia vigente à época):

> Os estabelecimentos de ensino médio agrícola e as escolas superiores de Agricultura e Veterinária, mantidos pela União, reservarão, anualmente, de preferência, 50% (cinquenta por cento) de suas vagas a candidatos agricultores ou filhos destes, proprietários ou não de terras, que residam com suas famílias na zona rural e 30% (trinta por cento) a agricultores ou filhos destes, proprietários ou não de terras, que residam em cidades ou vilas que não possuam estabelecimentos de ensino médio.
> § 1ª A preferência de que trata este artigo se estenderá os portadores de certificado de conclusão do 2ª ciclo dos estabelecimentos de ensino agrícola, candidatos à matrícula nas escolas superiores de Agricultura e Veterinária, mantidas pela União (BRASIL, 1968).

Ainda hoje existem agrônomos e veterinários já idosos, que, beneficiados por essa lei, se formaram em universidades públicas e gratuitas em que entraram usando a cota por ela estabelecida. São pais, avós e bisavós de muitas famílias que, ainda hoje, torcem o nariz quando escutam falar de cotas em universidades públicas para negros. Todos precisam saber que a Lei do Boi, como o próprio apelido diz, foi criada para atender filhos de fazendeiros, ou seja, foi criada para a elite rural, pois somente "os donos dos bois e das terras" conseguiriam manter financeiramente um filho estudando na cidade.

Toda vez que presencio uma manifestação de resistência às cotas raciais para a garantia dos negros em universidades ou concursos públicos, lembro da Lei do Boi, que criou cotas para ricos fazendeiros e vigorou até 1985, quando o então presidente, José Sarney, assinou sua extinção, por não ver sentido de nenhuma reparação histórica.

4.2 O Hino da República com sua letra perturbadora

Sabemos que a Proclamação da República aconteceu no ano seguinte à Abolição, ou seja, em 1889. Não foi mera coincidência e é uma informação importante que muitas vezes passa despercebida.

Entre os muitos fatores no cenário político da época que fizeram a Monarquia cair, podemos citar a insatisfação dos ex-proprietários dos escravizados, que requeriam uma indenização ao imperador. Os escravocratas passaram, então, a apoiar os republicanos. Mas o ato propriamente dito da Proclamação da República foi basicamente um golpe militar.

Para sacramentar esse novo formato político, os republicanos desejaram impor "uma cara nova" aos antigos símbolos nacionais e foram rápidos na decisão: quase imediatamente foi decidida a mudança do Hino Nacional. O governo provisório de Marechal Deodoro da Fonseca lançou um concurso e Medeiros de Albuquerque foi o vencedor. A população protestou contra a mudança do Hino. Então, outro decreto foi feito para ajustá-lo à demanda popular. Assim, o provável "novo Hino Nacional" foi transformado em Hino da Proclamação da República, buscando legitimar o novo momento político do país.

Mas, atenção: lembre-se de que esse é um livro em formato de conversa; logo, não devemos perder o foco e nem o rumo. Trago essa contextualização para ilustrar e apresentar a letra do Hino, porque, para a ambiência do livro, é a letra dele que nos interessa. Ela é repleta de negação: "Nós nem cremos que escravos outrora tenha havido em tão nobre País [...]". Como esquecer a crueldade que se alastrou por trezentos anos de escravização, quando corpos escravizados foram maltratados sem dó e sem piedade? "Somos todos iguais ao futuro / Saberemos unidos levar [...]" é um verdadeiro escárnio à população negra.

Passados dois anos da Abolição, os governantes insistiam em naturalizar as relações raciais brasileiras, falando de uma igualdade inexistente. No período, a população negra já carecia de uma política pública que envolvesse saúde, educação, moradia, emprego, terras, respeito e dignidade. A ideologia negacionista se perpetuou na escrita do Hino e alguns – ainda hoje – insistem em contemplar a letra, mesmo com o lado sombrio da sociedade brasileira documentalmente comprovado.

Não há dúvidas: houve escravização! Houve tortura física e psicológica. Houve tratamento desumano e milhares de assassinatos. Nos tempos atuais, ainda persiste o desejo de apagar essa parte da história do Brasil e invisibilizar e silenciar a história da população negra. Lamentavelmente, o pensamento de "igualdade mentirosa" evoluiria para instaurar o **mito da democracia racial** nas mentes brasileiras. Como o termo diz, trata-se de um mito que apontava uma harmonia – que nunca existiu de fato – entre senhores e escravizados, no qual o recorte racial não foi o grande motivador da segregação e separação da sociedade brasileira, entre os que mandam e os que obedecem.

Hino da Proclamação da República
Seja um pálio de luz desdobrado.
Sob a larga amplidão destes céus
Este canto rebel que o passado
Vem remir dos mais torpes labéus!
Seja um hino de glória que fale
De esperança, de um novo porvir!
Com visões de triunfos embale
Quem por ele lutando surgir!

Liberdade! Liberdade!
Abre as asas sobre nós!
Das lutas na tempestade
Dá que ouçamos tua voz!

**Nós nem cremos que escravos outrora
tenha havido em tão nobre Pais...
Hoje o rubro lampejo da aurora
Acha irmãos, não tiranos hostis
Somos todos iguais ao futuro
Saberemos unidos levar**
Nosso augusto estandarte que puro,
Brilha, ovante, da Pátria no altar!
[...] (ALBUQUERQUE; MIGUEZ, 1980,
grifo meu).

4.3 Os quilombos e outras resistências

Uma das melhores maneiras de entender a força e a inteligência do povo negro é adentramos os estudos das resistências dos quilombos, também chamados de mocambos. Para professoras e professores que têm dificuldade em iniciar uma abordagem com base na Lei 10.639/2003, esse é um ponto de partida empolgante, pois evidencia aquilo que nunca chegava às escolas onde estudei: a potência, a inteligência e a capacidade de organização do povo negro, de africanas e africanos e de seus descendentes. Não eram pessoas conformadas e resignadas com a situação de serem escravizados. Onde havia escravização, havia o desejo de libertação.

Essa era a natureza dos quilombos, uma experiência coletiva de resistência, com a fundação de uma nova estrutura política, econômica, militar e social, em que as pessoas eram livres. Geralmente, os quilombos ficavam nos morros. Importante informar que o processo de "aquilombamento" aconteceu em toda a América, em todo o lugar em que houve escravização.

O corpo pode estar escravizado, machucado, o olhar pode estar distante, mas os pensamentos nunca se escravizam. Aliás, essa é uma premissa importante. O pensamento é livre.

Os africanos, barbaramente capturados em suas terras para serem tratados de maneira indigna e trabalhar sem parar para enriquecer os homens brancos, ditos civilizados, desde sempre arquitetavam estratégias individuais e coletivas de como sair dessa situação. Existiram quilombos espalhados por todo o Brasil. O mais importante foi o Quilombo dos Palmares, intimamente ligado ao guerreiro que se tornou herói nacional, Zumbi dos Palmares, assassinado pelos soldados da colônia, de forma cruel e desumana, no dia 20 de novembro de 1695. O dia de sua morte é a data em que, atualmente, celebramos o Dia da Consciência Negra.

O Quilombo dos Palmares existiu e resistiu durante um século. Foi atacado diversas vezes, mas sempre se reconstruiu, até a morte de Zumbi e a destruição física do quilombo, quando Palmares cedeu. Foi o mais longo de todos os quilombos, o que nos leva a pensar que as gerações que nasceram e cresceram ali puderam desfrutar do bem mais precioso: a liberdade.

No pós-abolição, várias formas de lutas e resistências do povo negro aconteceram em coletivos que buscavam incansavelmente suprir o descaso dos governantes e da sociedade como um todo. Agremiações, confrarias, clubes, movimentos e associações foram implementados, visando um processo de construção de igualdade e acesso aos diversos setores sociais. Alguns exemplos foram a Frente Negra Brasileira e o Teatro

Experimental do Negro, criado por Abdias Nascimento. Além disso, outras resistências artísticas e políticas, assim como revoltas, rebeliões e insurreições, em que a questão negra era sempre a pauta, aconteciam pelo país.

A Revolta da Chibata, em 1910, almejava acabar com os castigos praticados com surra de chibatas aos marujos negros dentro dos navios da Marinha brasileira. Comandada por João Candido, marinheiro que se tornou herói negro, a revolta aconteceu no Rio de Janeiro, na Baía da Guanabara. Marcada por um conflito sério que durou cinco dias, famílias cariocas, com medo da Revolta, fugiram para lugares distantes do centro. Sem força para controlar uma rebelião que teve apoio de opositores e da população, o decreto que legalizava as atrocidades foi extinto.

Convido quem lê este livro a fazer um rápido passeio histórico, para percebermos como a dinâmica do racismo se dá nas convivências. O decreto nº 3, publicado em 16 de novembro de 1889[12] (o dia seguinte ao da Proclamação da República), extinguiu os castigos corporais nas Armadas. Mas, vejam vocês, queridas e queridos leitores: um ano depois, em novembro de 1890, o Marechal Deodoro da Fonseca voltou a legalizá-lo: "Para faltas leves, prisão e ferro na solitária, a pão e água; faltas leves repetidas, idem, por seis dias, faltas graves, 25 chibatadas."[13]

---

[12] BRASIL. Decreto no 3, de 16 de novembro de 1889. Reduz o tempo de serviço de algumas classes da Armada e extingue nesta o castigo corporal. Disponível em: https://www2.camara.leg.br/legin/fed/decret/1824-1899/decreto-3-16-novembro-1889-524482-publicacaooriginal-1-pe.html#:~:text=Reduz%20o%20tempo%20de%20servi%C3%A7o,extingue%20nesta%20o%20castigo%20corporal. Acesso em: 26 ago. 2022.

[13] Conforme citado em *sites* como: http://www.raulcarrion.com.br/rev_chibata.asp. Acesso em: 15 set. 2022.

O fato foi eternizado na música *O mestre-sala dos mares*[14], cantada por Elis Regina. Sugiro aos que não conhecem a música, buscar essa obra e apreciá-la.

4.4 Iniciativas de ações afirmativas, leis acolhedoras e cotas raciais

Ações afirmativas são conjunto de políticas, ações e orientações públicas e privadas, de caráter obrigatório ou não, que têm como objetivo corrigir as desigualdades historicamente impostas a determinados grupos sociais. Trata-se de promoção ativa de igualdade de oportunidades para todos. Neste momento da conversa, é importante observarmos algumas dessas ações e leis acolhedoras à causa negra. É sempre bom lembrar que racismo é crime. Verifiquemos como está disposto em algumas leis.

- Inciso XLII do artigo 5o da Constituição Federal de 1988[15]: a prática do racismo constitui crime inafiançável e imprescritível, sujeito à pena de reclusão, nos termos da lei.

---

14 BLANC, Aldir; BOSCO, Joao. Mestre-sala dos mares 1974. *In*: **Elis**. Rio de Janeiro: Philips. (3min. 7s).
15 BRASIL. **Constituição da República Federativa do Brasil**. Brasília, DF: Senado Federal: Centro Gráfico, 1988.

- Código Penal, art.140, parágrafo 3º: injúria racial[16] — Ofensa à honra de determinada pessoa valendo-se de elementos referentes a raça, cor, etnia ou origem.

- Lei 7.716/89[17] — Crime de racismo — Lei Caó: conduta discriminatória dirigida a determinado grupo ou coletividade.

- A resolução de nº 01 de 17 de junho de 2004[18] - institui diretrizes curriculares nacionais para educação das relações étnico-raciais e para o ensino da História e Cultura Afro: brasileira e africana.

- Decreto nº 4.887, de 20 de novembro de 2003[19]: regulamenta o procedimento para identificação, reconhecimento, delimitação, demarcação e titulação das terras ocupadas por remanescentes das comunidades dos quilombos de que trata o art. 68 do Ato das Disposições Constitucionais Transitórias.

---

16 BRASIL. Código Penal - Decreto-Lei nº 2.848, de 7 de dezembro de 1940. Diário Oficial da União, Rio de Janeiro, 31 dez. 1940. Disponível em: http://www.planalto.gov.br/ccivil_03/decreto-lei/del2848.htm. Acesso em: 27 ago. 2022.

17 BRASIL. Lei nº 7.716, de 5 de janeiro de 1989. Define os crimes resultantes de preconceito de raça ou de cor. Disponível em: http://www.planalto.gov.br/ccivil_03/leis/l7716.htm#:~:text=LEI%20N%C2%BA%207.716%2C%20DE%205%20DE%20JANEIRO%20DE%201989.&text=Define%20os%20crimes%20resultantes%20de,de%20ra%C3%A7a%20ou%20de%20cor. Acesso em: 27 ago. 2022.

18 BRASIL. Resolução de nº 01 de 17 de junho de 2004. Institui Diretrizes Curriculares Nacionais para a Educação das Relações Étnico-Raciais e para o Ensino de História e Cultura Afro-Brasileira e Africana. Disponível em: http://portal.mec.gov.br/cne/arquivos/pdf/res012004.pdf. Acesso em: 27 ago. 2022.

19 BRASIL. Decreto no 4.887, de 20 de novembro de 2003. Regulamenta o procedimento para identificação, reconhecimento, delimitação, demarcação e titulação das terras ocupadas por remanescentes das comunidades dos quilombos de que trata o art. 68 do Ato das Disposições Constitucionais Transitórias.

- Em 2018, a Polícia Civil inaugurou, na região central da cidade do Rio de Janeiro[20], a Delegacia Especializada em Crimes Raciais e Delitos de Intolerância (Decradi) para atender as vítimas de crimes como racismo, xenofobia, intolerância religiosa e homofobia.

Quanto às cotas raciais, que é a prática de estabelecer uma proporção ou um número de vagas para estudantes em instituições educativas e para pessoas no mercado de trabalho a partir de critérios sociais, temos a seguinte lei.

- Lei nº 12.711/2012[21] — conhecida como lei das cotas. Desde 2015, 20% das vagas nos concursos para os tribunais estão reservadas para pessoas negras. Hoje, apenas 18% dos magistrados são pretos ou pardos. Acrescento que 50% das matrículas disponibilizadas por curso ou turno das faculdades federais devem ser reservadas para estudantes menos favorecidos, como negros, pardos e indígenas.

Evidencio que, para que tenham acesso a essas vagas, os interessados precisam assinar a "autodeclaração étnico-racial", documento em que a pessoa participante de um processo seletivo afirma sua identificação de raça e ou cor. O documento é um instrumento destinado a **candidatos pretos, pardos e indígenas** que queiram concorrer às vagas do Programa de Ações Afirmativas.

---

20 Decradi: Rua do Lavradio,155 – Centro – Rio de Janeiro – RJ.
21 BRASIL. Lei no 12.711, de 29 de agosto de 2012. Dispõe sobre o ingresso nas universidades federais e nas instituições federais de ensino técnico de nível médio e dá outras providências. Disponível em: http://www.planalto.gov.br/ccivil_03/_ato2011-2014/2012/lei/l12711.htm. Acesso em: 27 ago. 2022.

5 UMA CONVERSA CHEIA DE BOAS NOTÍCIAS

> "A alegria não chega apenas no encontro do achado, mas faz parte do processo da busca. E ensinar e aprender não pode dar-se fora da procura, fora da boniteza e da alegria."
> (Paulo Freire).

Temos boas notícias! Mas precisamos refletir, porque alguns setores da sociedade, quando agem com determinação, ainda causam desconforto e "estranhamento" nos demais. Estou falando da implementação de ações afirmativas em empresas dos setores público e privado, que oferecem reserva de vagas ou cotas para candidatas e candidatos negros. Isto é um avanço das mentalidades que poderá dar bons resultados a médio e longo prazos.

Outra mudança que o século XXI nos trouxe foi o desenvolvimento de inúmeras *startups*, dentre elas *fintechs*[22], e projetos de impacto social. Em 2018, o grupo Afro Empreendedor, um coletivo de empresas, com o objetivo de ampliar a bancarização das classes C, D e E e fortalecer o chamado *black money*, criou o Banco Afro, com sede em Brasília, e viu o número de contas cadastradas crescer de mil para 30 mil em um curto período de tempo. É interessante destacar que, em parte, o aumento de

---

[22] Termo que junta duas palavras do inglês (*financial* e *technology*) e serve para designar empresas que combinam desenvolvimento tecnológico e serviços financeiros.

contas cadastradas estava relacionado à resposta social a declarações dadas pela sócia de um pioneiro das *fintechs*. Isso indica uma conscientização das pessoas sobre a que discursos são aceitáveis ou não e, principalmente, sobre a maior diversidade de oferta de diferentes serviços, o que nos permite escolher seguir apoiando aqueles com os quais concordamos em termos ideológicos e nos desligando dos que já não mais combinam com a consciência que adquirimos ao longo do tempo.

Não temos como saber se essa iniciativa em especial será duradoura ou não, mas podemos ter a certeza de que o que ela vem conquistando servirá de trilha para novas inciativas que virão, para fomentar o conceito de *black money* e apoiar as classes menos favorecidas nas difíceis relações com os bancos tradicionais.

Como já comentei nessa conversa, os povos de terreiro vêm sendo atacados de diferentes maneiras por fundamentalistas de outras religiões. Sendo assim, termos conseguido a aprovação de leis que protejam a liberdade religiosa é um grande feito! Em 2021 tivemos a aprovação de duas leis, listadas a seguir.

- ◇ Lei 9251/2021[23], que determina o tombamento por interesse histórico e cultural do Estado o Terreiro de Joãozinho da Goméia – construída em diálogo com as herdeiras e herdeiros espirituais de João Alves Torres Filho e com o Ministério Público Federal.

---

[23] RIO DE JANEIRO (Estado). Lei no 9251, de 22 de abril de 2021. Determina o tombamento por interesse histórico e cultural do Estado do Rio de Janeiro o terreiro da Goméia, localizado na Avenida Prefeito Braulino de Matos Reis, nº 360, na Vila Leopoldina, município de Duque de Caxias. Disponível em: https://gov-rj.jusbrasil.com.br/legislacao/1198259104/lei-9251-21-rio-de-janeiro-rj. Acesso em: 27 ago. 2022.

◇ Lei 9259/2021[24], que torna 27 de março o Dia Estadual de Conscientização contra o Racismo Religioso – Dia Joãozinho da Goméia.

Isso nos dá a esperança de podermos chegar a um ponto de equilíbrio e respeito, como propõe Mônica Francisco no trecho a seguir, disponível no portal Geledés.

> Que seja a sexta o dia para quem quiser vestir branco. Que seja o domingo o dia de cultos e missas. Que haja giras e círculos de oração. Que haja fios de contas nos pescoços de uns e crucifixos nas mãos de outros. Mas, que nunca, jamais, haja sangue ou fogo, para destruir o que é sagrado para o outro. É no respeito que vamos construir a democracia. Eu, mulher negra, de favela, pastora evangélica, ativista da diversidade e do respeito religioso, reconheço a resistência e o conforto que nosso povo encontrou na manifestação da sua religiosidade, da sua fé ancestral, no reconhecimento dos seus antepassados que inspiravam (e inspiram) a luta pela sobrevivência – e mais do que isso, a luta por uma vida digna e plena, com todas as reparações históricas que nos devem, pela opressão, pelo açoite e pela chibata.

---

24   RIO DE JANEIRO (Estado). Lei no 9259, de 27 de abril de 2021. Altera a Lei nº 5.645, de 6 de janeiro de 2010, para incluir no calendário oficial do Rio de Janeiro o Dia Estadual de Conscientização Contra o Racismo Religioso – Dia Joãozinho da Goméia –, e dá outras providências. Disponível em: https://gov-rj.jusbrasil.com.br/legislacao/1199746150/lei-9259-21-rio-de-janeiro-rj. Acesso em: 27 ago. 2022.

Como se os desafios cotidianos já não fossem enormes, em pleno século XXI vivenciamos algo que não estava nos planos: uma pandemia de covid-19. Foram muitas perdas, como todos sabem. Com o avanço da vacinação, o número de óbitos e de casos graves diminuíram depois de quase dois anos de sofrimento de famílias inteiras, de apreensão cotidiana e congelamento de projetos. Ainda assim, nosso país está entre os piores países em casos de mortes, infectados e políticas públicas para o enfrentamento da pandemia.

É evidente que o quadro nacional frente a essa grave doença poderia ser diferente e muitas mortes, sido evitadas. Não reconhecer as evidências é impossível. Houve, sim, um descaso, uma desatenção governamental na administração da pandemia e isso resultou em grandes prejuízos e perdas de vidas por todo o país.

A população negra e pobre foi a que mais sofreu com todo a situação, pois, junto com a crise da saúde, veio a financeira, que gerou desempregos, falta de comida no prato, que gerou tristeza, que gerou fragilidade emocional e a necessidade de muita resiliência para se manter vivo, equilibrado e com projetos de futuro. O auxílio de algumas iniciativas de coletivos que se mobilizaram para doação de cestas básicas para as muitas famílias em situação de fome foi o que permitiu minimizar esse sofrimento. Mas não é possível atender a todos. O cenário é muito desalentador e pudemos ver o quanto a desigualdade social, sentida com muita força pela população negra – já que ela é maioria entre os mais pobres –, impacta o Brasil e escancara as nossas maiores deficiências como nação.

Como tenho tentado mostrar pelos muitos assuntos deste livro, o racismo estrutural que nos atravessa é palpável e comprovado pelos números que impactam negativamente a população negra. Isso se dá em vários campos: os números da pandemia e as muitas questões que afetam irremediavelmente o povo negro e pobre, como a falta de acesso à educação de qualidade, à saúde, a um sistema prisional justo, ao emprego etc. Uma situação complexa, difícil, mas estamos tentando mudar para multiplicarmos as boas notícias.

6 PEQUENAS HISTÓRIAS DA VIDA REAL: O RACISMO NÃO DÁ TRÉGUA

Reservo esse espaço para contar histórias que já me permearam. Algumas eu vivi; outras, presenciei ou ouvi diretamente das pessoas envolvidas. Todas têm nome, local e data. São relatos fortes, dolorosos e relevantes para as reflexões dentro de nossa conversa em formato de livro.

Lamentavelmente, em tempos tão difíceis de pandemia da covid-19, vimos de forma mais latente nas telas de televisões, computadores e celulares alguns absurdos episódios de racismo no Brasil e no mundo, mostrando que o preconceito também é uma doença que assola a sociedade. Alguns desses episódios resultaram em assassinatos de pessoas negras registrados em vídeos e veiculados por toda a rede midiática. Foram cenas tristes de desrespeitos e crueldade à dignidade da pessoa negra. Assistir às cenas brutais e desumanas provocou "falta de ar" em nossa sociedade. Os noticiários protagonizaram esses acontecimentos, gerando discussões por todos os cantos. Identifico que momentos de tanta tristeza para nós, pessoas negras, foi também um gatilho para muita gente branca, que até então duvidava da existência do racismo tão presente nas convivências.

Tomar consciência dessa realidade é fundamental para o confronto do racismo, pois provoca uma mudança de mentalidade que pode acarretar uma efetiva mudança de atitudes. A discussão racial em conversas informais por muito tempo foi interpretada como um exagero ou um "mimimi", mas tais "desconsiderações" estão sendo revistas e, consequentemente, a pauta do racismo vem se tornando cada vez mais presente em espaços distintos da nossa sociedade. Os fatos estão expostos e explícitos. Infelizmente, não há mais como negar a triste realidade da **desigualdade racial**. Em outras palavras, os fatos falam por si só. Então, vamos a eles.

O caso do menino Miguel, no Recife

> "Eu defendia meu filho em vida,
> vou defender na morte também."
> (Mirtes, mãe de Miguel).

Em julho de 2020, o caso do menino Miguel tomou a mídia. Miguel era uma criança de apenas 5 anos, que, sendo filho da empregada, não devia ter tanta importância para a patroa, que desconsiderou e desrespeitou essa infância. A vida do pequeno não tinha o mínimo valor para ela; caso contrário, estaria vivo. O absurdo caso aconteceu quando Mirtes, empregada da casa e mãe de Miguel, foi passear com o cachorro da família. Seu filhinho ficou com a patroa, que fazia tranquilamente a unha e nem percebia o perigo real de uma criança pequena brincando sozinha no elevador. O resultado foi trágico. O menino negro morreu por descuido de uma adulta branca, a mesma desatenção que as vidas negras recebem pela população branca no cotidiano da sociedade racista. A morte de Miguel Otávio Santana da Silva, de 5 anos, explicitou, sem retoques, a brutalidade do racismo por trás das desigualdades no Brasil.

Causou um mal-estar generalizado. A criança caiu do nono andar das Torres Gêmeas, no bairro de São José, centro do Recife, quando procurava por sua mãe, uma trabalhadora doméstica. Lembro mais uma vez: todas as infâncias são importantes. Todas.

George Floyd e João Alberto: homens negros silenciados
Em maio de 2020, o episódio do assassinato de George Floyd, de 46 anos, nos EUA, na frente das câmeras, gerou protestos em diversos países. Ele foi sufocado até a morte por um policial branco. O caso tomou proporções mundiais.

Em novembro do mesmo ano, João Alberto de Freitas, de 40 anos, um homem negro que trabalhava como prestador de serviços, foi espancado por seguranças brancos no estacionamento do supermercado *Carrefour*, em Porto alegre, na véspera do Dia da Consciência Negra. Também em frente às câmeras, o mesmo padrão de asfixia da polícia estadunidense no caso George Floyd.

O episódio público de racismo reabriu as discussões, anteriormente potencializadas pelos casos do menino Miguel e de George Floyd, sobre a violência de base racista. O assunto foi destaque nos jornais e nas discussões familiares durante muito tempo, um despertar para a realidade para muitas pessoas (brancas, em sua maioria), que até então não viam e não identificavam a presença do racismo nas convivências. A conclusão do inquérito policial aponta homicídio triplamente qualificado. Milena Borges Alves, a viúva de João Alberto, lamenta a perda: "a vida não é mais a mesma".

Um ciclista negro sem direito de usar a própria bicicleta

Igualmente desolador é o caso do jovem negro Filipe Ferreira, um ciclista abordado de forma violenta quando fazia manobras com sua bicicleta. As imagens da abordagem policial, gravadas pelo próprio ciclista – e que ganharam as redes sociais –, foram as provas a favor dele. Filipe aparece andando de bicicleta quando os policiais chegam ao local. Um deles desce com a arma na mão e manda que Filipe se vire e coloque as mãos na cabeça. O ciclista pergunta o motivo e diz que está gravando com o celular. Os policiais insistem que ele coloque as mãos na cabeça. Filipe segue perguntando o motivo da ação e os policiais voltam a insistir. O rapaz tira a camiseta para mostrar que não está armado, vira-se e é algemado.

A polícia informou que Filipe não chegou a ser levado para a delegacia, que foi autuado no local por desobediência, um crime de menor potencial ofensivo. Afirmaram que o rapaz assinou um termo comprometendo-se a comparecer em juízo e foi liberado. Uma investigação foi aberta para apurar os excessos da ação policial, que ocorreu na Cidade Ocidental, em Goiás. O racismo nunca dá trégua...

Uma pergunta se impõe: por que tanta agressividade? A resposta é a mesma relacionada aos constrangimentos cotidianos e aos assassinatos de George Floyd, do menino Miguel, de João Alberto, da ação contra Filipe e a tantos outros casos que ocorrem no Brasil e no mundo e que não viram notícia. Quem vive a violência nunca esquece. O racismo continua avançando e fazendo vítimas. Não podemos permitir que ele continue se espalhando e ceifando vidas, traumatizando a juventude e as infâncias.

A missa: o amor e a intolerância não comungam

Era a missa de sétimo dia da partida de uma jovem. Pais inconsoláveis, família em sofrimento. A mulher era amiga daquela família e estava muito sentida. Colocou seu vestido branco, seus colares coloridos, muito afinada com a moda afro. Foi com seu coração inteiro, cheio de amor, para estar com aquela família pela qual tinha tanta consideração. Na igreja, as pessoas estavam silenciosas e abatidas, o que era esperado, devido à juventude interrompida tão bruscamente.

Uma coisa lhe chamou a atenção: o afastamento dos presentes. Solitária no banco da igreja, as pessoas chegavam para se sentar ao seu lado e, ao olhá-la de cima abaixo, numa leitura racista, iam para outro banco. E assim, isolada, ela acompanhou a missa. Na rápida despedida, voltou a sentir o incômodo. Ninguém queria ficar perto dela. Muitos se afastavam de maneira rápida, deixando transparecer certo desprezo. A ficha só caiu depois: a mulher entendeu que o conjunto de sua roupa, vestido branco, colares e cabelos soltos para o alto dentro de uma igreja pode ter sido interpretado como uma afronta religiosa, mas não foi nada disso. O que ocorreu ali foi uma manifestação racista. A incapacidade de lidar com o diferente.

O caso das vaias... Os aplausos vieram depois

Uma festa de escola atravessou a vida de uma menina que estava vivendo grandes transformações naquele ano. Ela havia cortado o cabelo pela primeira vez. Seu corpo esticou num repente e a fez perder todas as suas roupas. Os seios começavam a despontar lentamente e ela acabara de mudar de casa — uma experiência marcante, porque fora removida com sua família e vizinhos de sua casa anterior. Saiu da favela em que nasceu e foi morar a duas horas de distância. Precisou trocar de escola. Era tudo encantamento. Casa nova, escola nova. Um corpo em transformação. Mas os olhares maldosos, cheios de ódio e desagrado da vizinhança para os moradores do recém-inaugurado Conjunto Residencial Popular não davam trégua, machucavam seus corpos. Vizinhos e familiares, todos negros e pobres, não eram bem-vindos no bairro.

A escola acolheu os novos alunos, mas, infelizmente, o ambiente reproduzia o desafeto da vizinhança branca. Nos conflitos entre alunos, a menina era atacada por insultos do tipo: "Você mora no pombal!". Sim, grosso modo, aqueles conjuntos de apartamentos com suas muitas janelas pareciam casa de pombos. Não era por brincadeira que uma criança recebia a distinção de "moradora do pombal", mas por discriminação e preconceito. A criança vitimada era apontada, caçoada, desrespeitada em sua origem e sofria sozinha e calada. Ninguém a acolhia. Então, quando chegou o tempo da festa junina, que naquele ano se misturou à festa da primavera, a menina ficou feliz em colaborar com a organização. Ela vendeu muitos votos (*tickets* para ajudar o evento) e, por conta do seu bom desempenho na venda, tornou-se a "sinhazinha" da sua turma, uma espécie de "rainha caipira".

A festa aconteceu num clube local. Junto com sua mãe, ela chegou com o seu vestido novo de festa junina, de chita e bem colorido, cheio de rendas e fitas. Estava um pouco abatida por conta de uma dor de dente que durou a noite inteira, mas feliz e animada. Na chegada, um estranhamento. As duas perceberam que naquela festa junina somente a menina estava com vestido a caráter, de festa junina. As outras crianças usavam roupas de princesas e rainhas de primavera. Foi um choque para mãe ao perceber a inadequação do figurino. Ninguém a havia avisado ou alertado sobre as características da festa junina tão peculiar.

Na hora de receber o seu prêmio, a menina foi chamada ao palco. Então, naquele momento, recebeu uma chuva de vaias de um clube inteiro. Ela só tinha onze anos, mas resistiu com dignidade. Sua mãe começou a bater palmas para a filha, rente ao palco. Palmas e beijinhos. A menina recebeu aquelas palmas amorosas com gosto de colo quentinho. Zonza, pegou o seu prêmio e foi para o abraço da mãe. Ali, naquele instante, escolheu o que queria carregar em seu peito por toda a sua vida: palmas ou vaias? Escolheu as palmas solitárias de sua mãe; uma sábia escolha.

O cachorro

Ela já era uma senhora quando nos conhecemos. Mulher negra, pessoa simples, sábia e gentil. Trabalhadora doméstica. Os filhos já estavam todos criados; pessoas íntegras e solidárias, tocando suas respectivas vidas. Embora eu fosse muito comunicativa, ela dizia que não gostava muito de conversar. Eu a observava muito. Às vezes, identificava certo susto em seu olhar.

Ficamos mais próximas e íntimas com o tempo. Aos poucos, ela foi se abrindo mais. Os relatos sobre a vida, seu passado e anseios do futuro se tornaram frequentes. Eu adorava essas conversas. Tenho muito carinho e admiração por ela. Trocávamos muitas ideias e aprendíamos uma com a outra.

Numa dessas conversas, contou-me, com semblante triste, uma experiência inesquecível, vivida quando os filhos ainda eram crianças e foi trabalhar na casa de uma família onde todos eram brancos. Ela gostava do trabalho. Era perto da sua casa. Chegava com alegria e simpatia e saía satisfeita, com sentimento do dever cumprido. Havia um cachorro na casa, desses que latem o dia todo. Latia por tudo. Quando a televisão estava ligada, a campainha chamava e o telefone tocava. Até a panela de pressão, quando começa a chiar, era motivo para ele latir. Mas isso não atrapalhava o trabalho doméstico. Às vezes, assim como latia para todo mundo, o dia todo, ele latia para ela.

Cuidar do cachorro também fazia parte do seu serviço. Era bom, porque gostava de bichos. Dava a ele a mesma atenção que dava à casa. Tudo ia bem naquele novo trabalho, mas, infelizmente, a patroa sentia assim. Algo no ar não encaixava, não estava bem. Um incômodo, talvez... Uma presença indesejável... No final do terceiro dia, na hora de ir embora, muito animada e feliz por retornar no dia seguinte para concluir algumas tarefas já iniciadas, a patroa a surpreendeu. Chamou-a num canto e, sem olhar em seus olhos, a despediu usando o argumento mais absurdo: "Desculpa, mas você não precisa mais vir. Gostamos do seu trabalho, mas o nosso cachorro não gosta de pessoas pretas, pessoas da sua cor".

Ouvindo este relato, fiquei muda e chorei por dentro.

A mulher elefante

Uma senhora tinha uma vida difícil: marido doente para cuidar, muitas dificuldades financeiras, emocionais e sociais. Um cotidiano cheio de desafios. Hipertensa, uma resposta de sua corrente sanguínea para tão tensa vida. Estava acima do peso, o corpo respondia como conseguia. A alimentação não era exatamente a tal da "balanceada", mas a possível: pão e café com leite com muito açúcar. Não havia espaço na agenda para exercício físico - nem havia agenda.

A saúde não era das melhores, seguia como dava. De vez em quando – bem de vez em quando – ia ao médico no posto de saúde local para verificar a pressão arterial, ajustar os remédios, ser cuidada. Sempre é essa a expectativa quando vamos ao médico: ser olhada, escutada, orientada, acolhida. Não foi o que aconteceu na fatídica consulta.

Depois de aguardar por horas para ser atendida, um médico branco a chamou para entrar no consultório. Pediu que se sentasse. Estava visivelmente irritado por ter que lidar com aquelas pessoas tão diferentes de sua convivência familiar. Impaciente, talvez com o relógio que não determinara ainda o fim do seu plantão, fez a consulta de menos de cinco minutos. A senhora, em voz baixa, falou seu nome, relatou o remédio que tomava e as dores que sentia na nuca, nas pernas, nos braços... O médico sem coração, emoção, humanidade, respeito à paciente, num ímpeto de falta de empatia, de ética ou de educação – ou falta de tudo –, sem olhar no rosto da senhora, entregou-lhe a receita dizendo em tom de deboche: "A senhora parece um elefante! Tem de emagrecer! Chame o próximo da fila". Durante a semana seguinte, ela perguntou a familiares e amigos: "Eu pareço um elefante?"

A patroinha

A mãe nunca levava sua filha para o trabalho, mesmo sabendo que ela adorava olhar através das janelas dos apartamentos. Não gostava de expor a menina a situações desagradáveis. Afinal, seria sempre a visita da filha da empregada, o que poderia gerar desconfortos para ambas.

Porém, em uma determinada casa havia uma adolescente amável, que gostava de conversar e vivia insistindo para que a mãe trouxesse sua menina para passar um dia com ela, com direito a olhar pela janela o tempo que quisesse.

A janela era grande e a vista, deslumbrante. Com promessa de um dia feliz, a mãe resolveu levar sua filha. Já na hora da apresentação, um desalinho: a patroinha revelou uma visível decepção ao olhar a menina. Como assim? Era aquela criança a filha tão amada da empregada? Menina raquítica, duas tranças, olhos vivos e vestimenta simples?

A mãe sabia que o dia estava fadado ao fracasso antes mesmo de começar. A patroinha demonstrou irritação com a presença da filha da empregada desde o primeiro segundo. O mau humor protagonizou aquela manhã pesada. Respostas vazias, cara fechada, desinteresse total por qualquer assunto.

A menina estava encantada. Feliz porque a mãe havia garantido que seria diferente das outras vezes, em que foi trabalhar com ela e que não podia sair da cozinha nem entrar na casa. Mas a patroinha parecia uma chefona. A menininha ia atrás dela fazendo perguntas e ela, à frente, não respondia, batendo o pé e bufando. A menina olhava encantada os quadros, os móveis e a janela. Ah, a janela... Tão maravilhosa aquela janela! No final da manhã, a "paulada na cabeça".

A patroinha "caprichou" no gesto final. Com os olhos faiscantes, chamou a menina para conhecer o seu quarto. Uau! Quarto de rico! Armários embutidos, cama de princesa. Tudo branquinho e lindo. Uma estante cheia de livros de diferentes cores e tamanhos. A menina estava numa alegria transbordante. Quanto mais feliz a menina ficava, mais irritada ficava a patroinha.

Com o olhar faiscante, que parecia emanar fogo, a patroinha abriu o seu armário e fez a menina contar, junto com ela, quase como uma ordem. Contaram pausadamente doze calças compridas. Doze! Uma, duas, três, quatro... A menina não tinha nenhuma calça comprida. Sequer tinha um armário. Ao final da contagem, a patroinha exclamou um sonoro "Ufa!" e se jogou na cama, esparramada. A menina parou, calou, olhou a cena, refletiu, perdeu o sorriso e o encanto. Entendeu e ficou triste, sem perder a dignidade. Imediatamente foi para cozinha junto de sua mãe, onde ficou sentadinha até o fim do expediente. Mãe e filha voltaram para casa abraçadinhas e em silêncio.

Dia 12 de outubro: dia de todas as crianças ou só de algumas?
O inicio do mês de outubro tende a mexer com as relações interpessoais nas escolas. O final de ano se anuncia e, com ele, as configurações do arremate do trabalho pedagógico. A reflexão sobre objetivos propostos e atingidos invade a cabeça de professoras e professores, que, com as crianças, vislumbram o próximo ano. Sentimentos de alegria e

apreensão se misturam. Quem aprendeu? Quem ainda não atingiu os objetivos? O que ainda é possível fazer? O Dia das Crianças atravessa o momento, uma celebração que envolve a escola toda.

Houve um ano em que fui encarregada de montar o mural do Dia das Crianças junto com outra professora. A colega ficou animada com a nossa tarefa, trouxe de sua casa vários recortes de revistas com imagens de crianças em situações cotidianas, com pai, mãe, passeando em *shopping*, nadando em piscina, almoçando em família etc. Crianças felizes. Infelizmente, na seleção da professora não havia nenhuma criança negra. Fiquei chocada. Argumentei que as crianças da escola eram negras, em sua maioria, e precisavam se ver representadas no mural. Ela naturalizou, dizendo que não havia encontrado nenhuma imagem de criança negra e que as crianças não perceberiam a ausência. Naquele mesmo dia, fiz uma seleção exclusiva de imagens de crianças negras em contextos familiar e de alegria. Consegui com que o mural ficasse bonito e diverso, majoritariamente negro. Foi uma luta. Não foi fácil, mas consegui. Ao meu lado, a outra professora insistia: "Pra que isso tudo? As crianças não ligam e nem percebem".

Uma aula de judô que nocauteia corpos negros
Certa vez, fui contar histórias em uma escola de educação infantil da rede particular. Naquela manhã, enquanto aguardava a coordenadora para que orientasse meu trabalho, assisti a uma aula de judô. O professor parecia amoroso, tinha a voz acolhedora. As crianças encostadas na parede aguardavam a chamada para fazerem as duplas e começarem a atividade. Ele anunciava o nome de cada uma e, carinhosamente, a conduzia para formação de dupla. Uma de frente para outra.

As duplas foram alinhadas, construindo uma fila de duplas. Eram cerca de vinte crianças, apenas duas negras, duas lindas meninas. Foram as últimas a serem chamadas, com um agravante: a última foi chamada por um aceno, o professor sequer verbalizou seu nome. Tentei conversar com a coordenadora e dividir a minha percepção, mas foi em vão.

Os malefícios do racismo estrutural atingem a todos. Cegam até os ditos sensíveis. É muito cruel quando, dentro da escola, comportamentos desse tipo são naturalizados. O racismo se revela e as crianças negras não são protegidas; são vítimas fáceis, porque sozinhas e indefesas.

7 GALERIA: GENTE DE VALOR

No presente capítulo, apresento uma seleção de escritoras e escritores negras e negros, cuja obra pode (e deve) ser trabalhada em sala de aula.

Ale Santos
É autor, roteirista e especialista em *games* e *storytelling*. Foi colunista da revista Vice e colaborou com veículos de comunicação, como a revista Super Interessante e *The Intercept* Brasil. Em 2020, foi finalista do prêmio Jabuti e, no mesmo ano, destaque do prêmio "Sim à Igualdade Racial", na categoria "Representatividade em novos formatos". É criador da série antológica de *podcast*, Ficções Selvagens.

Obras: "Rastros de resistência: histórias de luta e liberdade do povo negro"; "O último ancestral".

Cidinha da Silva
Finalista do Jabuti (2019), é autora de dezessete livros e editora na Kuanza Produções. Graduada em História pela UFMG, presidiu o Geledés – Instituto da Mulher Negra, e foi gestora de cultura na Fundação Cultural Palmares. Seus livros foram publicados em diversos idiomas, dentre eles, alemão, catalão, espanhol, francês, inglês e italiano.

Obras: "O mar de Manu"; "Kuami"; "Sobre-viventes!".

Fábio Kabral
Carioca, iniciado no Candomblé, leitor assíduo de quadrinhos, amante de *videogame* e estudioso da afrocentricidade, é um dos grandes expoentes da literatura especulativa brasileira. A mistura harmônica e caótica de todas essas características e muitas outras, formam a literatura *macumbapunk*, termo cunhado pelo próprio autor.

Obras: "O caçador cibernético da Rua Treze"; "A cientista guerreira do facão furioso"; "O blogueiro bruxo das redes sobrenaturais".

Jarid Arraes
Nascida em Juazeiro do Norte, na região do Cariri (CE), Jarid Arraes é escritora, cordelista, poeta e finalista do prêmio Jabuti. Atualmente, vive em São Paulo (SP), onde criou o Clube da Escrita para Mulheres. Tem mais de setenta títulos publicados em literatura de cordel.

Obras: "As Lendas de Dandara"; "Heroínas negras brasileiras: em 15 cordéis"; "Poetas negras brasileiras: uma antologia".

Jim Anotsu
Nascido em Minas Gerais, é escritor, tradutor e roteirista de cinema e TV. Publicou contos em diversas coletâneas e revistas literárias. Referência em literatura juvenil, foi publicado em treze países.

Obras: "O Serviço de entregas monstruosas"; "A batalha do acampamonstro"; "Rani e o sino da divisão".

Júlio Emílio Braz

Iniciou sua carreira escrevendo roteiros para histórias em quadrinhos sob 39 pseudônimos diferentes. Vencedor de diversas premiações, dentre elas, o Jabuti, já lançou mais de 150 títulos e foi publicado em países como Bélgica, Cuba, Estados Unidos, França e Portugal. Também escreveu roteiros para a TV, como para o programa Os Trapalhões, da TV Globo, e algumas mininovelas para uma emissora de televisão do Paraguai.

Obras: "Um encontro com a liberdade"; "Lendas da África"; "Felicidade não tem cor".

Kiusam de Oliveira

É pedagoga, mestre em Psicologia, doutora em Educação e terapeuta integrativa. Atua como formadora de profissionais de educação nas temáticas educação, relações étnico-raciais e de gênero, com foco em uma educação antirracista. Kiusam escreve o que chama de "Literatura Negro-Brasileira do Encantamento Infantil e Juvenil". Vencedora de diversas premiações, seu título *O mundo no black power de Tayó*, é considerado pela ONU um dos dez livros mais importantes do mundo na categoria Direitos Humanos.

Obras: "Com qual penteado eu vou?"; "Omo-oba: histórias de princesas"; "Tayó em quadrinhos".

Lavínia Rocha

É mineira de Belo Horizonte e licenciada em História pela UFMG. Atua como escritora, palestrante, professora, revisora, leitora crítica e leitora de sensibilidade. Começou a escrever aos 11 anos e a publicar livros, aos

13. Ministra palestras sobre sua carreira, feminismo e protagonismo negro em escolas e eventos literários. Sob o pseudônimo Lia Rocha, escreve para o público adulto.

Obras: "O mistério da sala secreta"; "Entre 3 Mundos"; "Raizes do amanhã: 8 contos afrofuturistas".

Lucimar Rosa Dias

Doutora em educação pela Universidade de São Paulo (USP), professora da Universidade Federal do Paraná (UFPR) e coordenadora do grupo ErêYá, atua em diversos projetos e pesquisas voltados ao desenvolvimento e à gestão de políticas públicas para a igualdade racial, sobretudo na administração de políticas educacionais e na docência no ensino superior. É consultora do Centro de Estudos da Relações de Trabalho e Desigualdade (Ceert), membro da Comissão Técnica Nacional de Diversidade para assuntos relacionados à Educação dos Afro-Brasileiros/MEC (Cadara), além de autora infantil.

Obras: "Azizi: O presente precioso"; "Cada um com seu jeito, cada jeito é de um!".

Madu Costa

Mineira de BH, é graduada em Pedagogia pela UFMG e pós-graduada em Arte Educação pela Pontifícia Universidade Católica de Minas Gerais (PUC-Minas). Ligada intrinsecamente à literatura infantojuvenil, leciona Artes e Literatura na rede Municipal de Ensino de Belo Horizonte e participa de várias oficinas, ministrando cursos de contação de histórias com o grupo Conta e Encanta.

Obras: "Meninas negras"; "Lápis de cor"; "Embolando palavras".

Marcelo D'Salete
É autor de histórias em quadrinhos, ilustrador e professor. Graduado em Design Gráfico, D' Salete é também graduado e mestre em Artes Plásticas. Vencedor de diversos prêmios, dentre eles, o Prêmio Jabuti (2018), foi publicado em países como Áustria, Espanha, EUA, França, Itália, Polônia e Portugal.

Obras: "Angola Janga"; "Cumbe"; "Encruzilhada".

Nilma Lino Gomes
É graduada em Pedagogia e mestra em Educação pela UFMG e doutora em Antropologia Social pela USP. Professora da Faculdade de Educação da UFMG, coordenou diversos programas com foco em educação étnico-racial. De 2013 a 2014, foi reitora da Universidade da Integração Internacional da Lusofonia Afro-brasileira (Unilab), tornando-se a primeira mulher negra a ocupar o cargo mais importante de uma universidade federal no Brasil.

Obras: "Betina"; "O menino coração de tambor".

Olívia Pilar
É mineira de Belo Horizonte, escritora, mestra e doutoranda em Comunicação Social pela UFMG. Busca trazer representatividade para suas histórias, que têm protagonistas negras e garotas que gostam de garotas. Publicou, de forma independente, cinco contos pela *Amazon*, participou de quatro coletâneas também publicadas na *Amazon* e de outras três antologias.

Obras: "De repente adolescente"; "Sobre amor e estrelas (e a cabeça nas nuvens)"; "Todo mundo tem uma primeira vez".

Otávio Júnior
Carioca, é escritor, ator, contador de histórias e produtor teatral. Também escreve contos, roteiros de histórias em quadrinhos e poesias infanto-juvenis. Ficou conhecido por abrir a primeira biblioteca nas favelas do Complexo do Alemão e no Complexo da Penha, no estado do Rio de Janeiro.

Obras: "Da minha janela" (com o qual foi vencedor do Prêmio Jabuti 2021); "De passinho em passinho"; "Morro dos ventos".

Patrícia Santana
É professora da rede municipal de ensino de Belo Horizonte. Graduada em História, é também mestre e doutora em Educação pela UFMG, integra o Núcleo de Relações Étnico-Raciais e de Gênero da Secretaria Municipal de Educação de Belo Horizonte. Atua como docente no programa de pós-graduação da Faculdade de Educação da UFMG e no Ceert. Também realiza consultorias para a Ação Educativa.

Obras: "Cheirinho de neném"; "Entremeio sem babado"; "Minha mãe é negra sim!".

Rafael Calça e Jefferson Costa
Nascidos em São Paulo, ambos são quadrinistas com publicações nacionais e internacionais. A primeira obra em coautoria dos dois, para a Maurício de Sousa Produções, com roteiro de Rafael e ilustração de Jefferson, rendeu os prêmios Angelo Agostini, HQ Mix e Jabuti em 2019.

Obras: "Jeremias, Pele"; "Jeremias, Alma".

Rogério Andrade Barbosa
Escritor, palestrante, contador de histórias, professor de Literatura Africana (pós-graduação – Universidade Candido Mendes - UCAM/RJ) e ex-voluntário das Nações Unidas em Guiné-Bissau. Graduou-se em Letras na Universidade Federal Fluminense (UFF - RJ) e é pós-Graduado em Literatura Infantil Brasileira pela Universidade Federal do Rio de Janeiro (UFRJ). Trabalha na área de literatura afro-brasileira e em programas de incentivo à leitura, proferindo palestras e dinamizando oficinas sobre a cultura africana.

Obras: "Sona: Contos africanos desenhados na areia"; "12 brincadeiras indígenas e africanas: da etnia maraguá e de povos do Sudão do Sul"; "Contos de amor dos cinco continentes".

Simone Mota
Formada em Estatística pela Universidade Estadual do Rio de Janeiro (UERJ), fez mestrado em Engenharia de Petróleo na Universidade Estadual do Norte Fluminense Darcy Ribeiro (UENF), e Letras, na Estácio. Finalista

do Prêmio Universidade Federal Fluminense de Literatura, publicou mais de dez livros e participa de diversas antologias. Além disso, também atua como roteirista.

Obras: "Frederico, Frederico..."; "Que cabelo é esse, Bela?"; "Carolayne, Carolina e as histórias do diário da menina".

Solaine Chioro
É da baixada santista, mora em São Paulo e se formou em Letras – Português/Latim pela Universidade Estadual Paulista de Araraquara (Unesp). Além de escritora, trabalha como tradutora, revisora, leitora crítica e de sensibilidade. Escreve terror sob o pseudônimo Sol Chioro.

Obras: "Reticências"; "Flores ao mar"; "Sobre amor e estrelas (e algumas lágrimas)".

Sonia Rosa
Nascida no Rio de Janeiro, é escritora de literatura negro afetiva voltada para o público infantil e adolescente, além de poetisa. Ao todo, é autora de mais de cinquenta obras publicadas. É professora aposentada e mestre em relações étnico-raciais pelo Centro Federal de Educação Tecnológica Celso Suckow da Fonseca (Cefet/RJ).

Obras: "Três histórias de encanto"; "A Bela Adormecida do Samba"; "Antônia quer passear".

8 PALAVRAS FINAIS NESSA CONVERSA QUE NÃO SE ESGOTA...

> "O saber é como o tronco do baobá.
> Ninguém consegue abraçá-lo sozinho."
> (Provérbio da Costa do Marfim).

Nessas linhas finais, quero confessar o desafio que foi não perder o fôlego e o tom em escritos tão singulares. Sou mais afinada com a escrita literária, mas resolvi viver a experiência de uma escrita diferente. A realização do presente trabalho foi, como já disse anteriormente, resultado da necessidade de levar a mais gente alguns saberes que venho partilhando oralmente nos encontros dos quais participo com professoras e professores. Chegar ao final, me causa grande alívio. Espero ter conseguido estabelecer e manter viva a chama da conversa, que reconheço longa, repetitiva por vezes, e, sem sombra de dúvidas, inacabada, porque o conhecimento é como um mar que não tem fim. Agradeço a generosidade das leitoras e dos leitores que chegaram a essas considerações finais.

Certamente, o desconforto dos racistas tende a aumentar nos novos tempos. Hoje, fundamentações, pesquisas e provas documentais legitimam e dão veracidade ao legado da população negra que, através dos séculos, vem contribuindo para o desenvolvimento da nossa sociedade.

Não é mais possível negar as evidências... O sol não pode mais ser tampado com a peneira. Os raios solares derretem a peneira e acendem a fogueira do conhecimento, que cega alguns... De susto e/ou de medo. Para outros, no entanto, é um calor que aquece suas almas.

O indivíduo negro ama, é amado, ri, chora, tem sonhos e fé, faz poesias, é pai, mãe, quer acertar, tem dores, cai, levanta, acolhe, erra, acerta, constrói, inventa, lê romances, faz festas, quer ser acolhido, é solidário, gosta de muitas coisas, de outras não, se indigna com as injustiça, tem projetos de vida, é filho, filha, irmão, irmã, trabalha, brinca, canta, estuda, dorme, acorda e tem uma vida inteira para amar, abraçar, ser feliz e fazer feliz. Por tudo isso, aponto a gravidade de uma narrativa excludente que vem sendo construída e propagada há séculos e que entranhou nas mentes das pessoas, gerando certa insensibilidade, uma desatenção e um desprezo à existência das vidas negras, que, como todas as vidas, têm singularidades, subjetividades, humanidade. Humanidade. Esta é a palavra que representa o X de toda a questão racial. O não identificar a humanidade na pessoa negra é o fundamento do racismo.

Repito, nas palavras finais, que a circulação desse arcabouço de conhecimentos, notícias, construções filosóficas, sociais, culturais, religiosas e científicas, trazidas na "bagagem" de homens e mulheres negros africanos escravizados que aqui chegaram, não foi suficientemente compartilhada devido aos entraves impostos a essas pessoas. Há uma ausência histórica de valorização da pessoa negra e certo desprezo à sua "humanidade". É importante reconhecer que havia uma percepção, por parte dos escravocratas, da sofisticação dos conhecimentos e das competências expressadas pelos escravizados. Os colonizadores espertamente se apropriaram e usufruíram maldosamente dessas inteligências, muitas das vezes não dando o crédito devido às expressões de seus saberes.

Não contemplar esse legado implica em dificultar o reconhecimento e o respeito que as vidas negras merecem. O fortalecimento dessas identidades, seu empoderamento e a valorização da produção de conhecimento do povo africano, desprezada pelos colonizadores ao longo dos séculos, são pautas urgentes nos tempos contemporâneos. Temos a oportunidade de reverter ideologias que desprestigiam os feitos do povo negro, de ontem e de hoje. A efetivação da Lei 10.639/2003 dentro das escolas é uma grande aliada no projeto de desconstrução e reconstrução. Em outras palavras, as "travas ideológicas" nas Américas, incluindo o Brasil, dificultaram — e ainda dificultam — a circulação do legado do povo negro oriundo de vários países do continente africano.

Desejo, de coração, que a leitura deste livro possa ter contribuído para a reflexão sobre posturas racistas e tenha conseguido mobilizar leitoras e leitores para a construção de um mundo mais igualitário, entendendo e respeitando o legado do povo africano, que marcou a nossa maneira de viver, de pensar e de existir. Que o amor, a paz, o respeito e a alegria sejam sentimentos usufruídos por todos e todas em nossas convivências sociais. Viver é pulsante e o sol nasceu para todos nós.

GLOSSÁRIO

Desigualdade racial - São as diferenças sociais entre as raças nos aspectos econômico e social, que marcam predominantemente pessoas pretas e pardas (a combinação desses grupos forma a classificação negra, segundo o IBGE). A maioria dessas pessoas possuem rendimentos mais baixos e estão em situações de maior vulnerabilidade nos campos da educação, da saúde, da moradia, dentre outros. Os índices mostram o evidente desequilíbrio na garantia de direitos em prejuízo para a população negra. De acordo com o estudo "Desigualdades sociais por cor ou raça no Brasil", do IBGE, em 2018 , a taxa de analfabetismo entre a população negra era de 9,1%, cerca de cinco pontos percentuais superior à da população branca, de 3,9%. Conforme a Pesquisa Nacional por Amostra de Domicílios Contínua (PNAD), também do IBGE, o percentual de jovens negros fora da escola chega a 19%, enquanto a de jovens brancos é de 12,5%.

Discriminação racial - Qualquer distinção, exclusão, restrição ou preferência baseada em raça, cor, ascendência, origem étnica ou nacional com a finalidade ou o efeito de impedir ou dificultar o reconhecimento e/ou exercício, em bases de igualdade, aos direitos humanos e às liberdades fundamentais nos campos político, econômico, social, cultural ou qualquer outra área da vida pública.

Geledés - É originalmente uma forma de sociedade secreta feminina de caráter religioso existente nas sociedades tradicionais iorubás. Expressa o poder feminino sobre a fertilidade da terra, a procriação e o bem-estar da comunidade. O termo batiza uma importante organização feminista e antirracista da sociedade civil brasileira.

Griôs – Trata-se do abrasileiramento de griot, que define um arcabouço imenso do universo da tradição oral africana. É uma corruptela da palavra creole, ou seja, crioulo, a língua geral dos negros na diáspora africana. Foi uma recriação de "gritadores", reinventado pelos portugueses quando viam os griôs gritando em praça pública. Estudantes afrodescendentes que estudavam a língua francesa utilizaram o termo para sintetizar as milhares de definições que ele abarca. Sua origem remonta músicos, genealogistas, poetas e comunicadores sociais, mediadores da transmissão oral, bibliotecas vivas de todas as histórias, saberes e fazeres da tradição, sábios da tradição oral que representam nações, famílias e grupos de um universo cultural fundado na oralidade, na qual o livro não tem papel social prioritário, e guardam a história e as ciências de comunidades, regiões e do país.

Intolerância religiosa – O termo descreve a atitude mental caracterizada pela falta de habilidade ou vontade de reconhecer e respeitar diferenças ou crenças religiosas de terceiros. Pode fazer parte de um perfil mais abrangente de intolerância ideológica ou política.

Invisibilidade - Qualidade ou condição daquele que é invisível. Fazer, por desprezo, com que algo ou alguém se torne invisível, não perceptível e, portanto, tornar esse alguém apagado socialmente.

Letramento racial - Conhecimento adquirido com base em vivências e estudos sobre racialidade. Habilidade de entender com profundidade a questão racial.

Meritocracia - Sistema ou modelo de hierarquização e premiação baseado em méritos pessoais de cada indivíduo. A origem etimológica da palavra "meritocracia" vem do latim meritum, que significa "mérito", unida ao sufixo grego cratia, "poder".

Mito da democracia racial - Falsa ideia de que existe uma igualdade de direitos do ponto de vista racial no Brasil, por conta da miscigenação presente em nossa população.

Movimentos negros - O que denominamos movimento negro é, na verdade, um conjunto de movimentos sociais que luta contra o racismo e pela igualdade social e de direitos entre negros e brancos, sobretudo no mundo ocidental, marcado pela escravização de povos africanos.

Raça - Embora geneticamente seja comprovado que não existe mais de uma raça na humanidade, do ponto de vista sociológico, a raça presente no imaginário da população é ainda aquela produzida pela ciência nos séculos XIX e XX. Ela serve para classificar a diversidade humana em grupos fisicamente diferentes, cujos indivíduos apresentam características fenotípicas comuns, que por sua vez são responsáveis pela determinação dascaracterísticas psicológicas, morais, intelectuais e estéticas desse grupo "em uma escala de valores desiguais" (cf. MUNANGA, 2004).

Racismo - Naturalização de ações, hábitos, situações, falas e pensamentos que promovem, direta ou indiretamente, a segregação ou o preconceito racial. Um processo que atinge tão duramente – todos os dias – a população negra.

Racismo científico - Nos séculos XVIII e XIX não havia dúvida quanto à hierarquização social que devia traçar uma linha de escala intelectual, com brancos europeus no topo e negros abaixo de todos os outros (WESOLOWSKI, 2014). As práticas eugênicas e higienistas utilizaram recursos validados pela ciência para definir os seres humanos em raças superiores e raças inferiores; raças puras e as outras, sendo a supremacia racial branca a referência do belo ou puro. Na saúde, o racismo científico estruturou a medicina legal, com a figura do perito que, ao lado da polícia, explica a criminalidade e determina a loucura como provinda da população negra. Posteriormente, entra em cena a prática eugenista, que passa a separar a população enferma da sã (SCHWARCZ, 1993).

Racismo estrutural - Processo pelo qual os indivíduos de uma etnia ou cor são histórica e sistematicamente alijados de seus direitos em todos os níveis da sociedade, ocasionando total falta de acesso a oportunidades iguais e perpetuando, assim, a exclusão social.

Silenciamento - Ato ou efeito de impor silêncio, calar. Uma maneira de exercício de poder onde se tira a vez e a "voz" de determinadas pessoas.

REFERÊNCIAS BIBLIOGRÁFICAS

A destruição dos documentos sobre a escravidão. **O Estado de S. Paulo**, 14 dez. 2015. Disponível em: http://m.acervo.estadao.com.br/noticias/acervo,a-destruicao-dos-documentos-sobre-a-escravidao-,11840,0.htm#:~:text=Em%201890%2C%20ministro%20Ruy%20Barbosa,documentos%20que%20tratassem%20do%20tema&text=Em%2014%20de%20dezembro%20de,de%20documentos%20-referentes%20%C3%A0%20escravid%C3%A3o. Acesso em: 26 ago. 2022.

ALBUQUERQUE, José J. de C. da C. de Medeiros; MIGUEZ, Leopoldo Américo. Hino da Proclamação à República, 1890. **Letras**. Disponível em: https://www.letras.mus.br/hinos/hino-da-proclamacao-da-republica/. Acesso em: 26 ago. 2022.

ALMEIDA, Silvio Luiz de. **Racismo estrutural**. São Paulo: Jandaira, 2020.

AZEVEDO, Celia Maria Marinho de. **Onda negra, medo branco**: o negro no imaginário das elites século XIX. Rio de Janeiro: Paz e Terra, 1987.

BARRETO, Lima. **Clara dos anjos**. São Paulo: Martin Claret, 2003.

BENTO, Cida. Branqueamento e branquitude no Brasil. *In*: CARONE, Iray; BENTO, Maria Aparecida Silva (org.). **Psicologia social do racismo**: estudos sobre branquitude e branqueamento no Brasil. Petrópolis: Vozes, 2002.

BENTO, Cida. **O pacto da branquitude**. São Paulo: Cia. das Letras, 2022.

BLANC, Aldir; BOSCO, Joao. Mestre-sala dos mares 1974. *In*: **Elis**. Rio de Janeiro: Philips. (3min. 7s).

BRASIL. Código Penal - Decreto-Lei nº 2.848, de 7 de dezembro de 1940. Diário Oficial da União, Rio de Janeiro, 31 dez. 1940. Disponível em: http://www.planalto.gov.br/ccivil_03/decreto-lei/del2848.htm. Acesso em: 27 ago. 2022.

BRASIL. **Constituição da República Federativa do Brasil**. Brasilia, DF: Senado Federal: Centro Gráfico, 1988.

BRASIL. Decreto no 3, de 16 de novembro de 1889. Reduz o tempo de serviço de algumas classes da Armada e extingue nesta o castigo corporal. Disponível em: https://www2.camara.leg.br/legin/fed/decret/1824-1899/decreto-3-16-novembro-1889-524482-publicacaooriginal-1-pe.html#:~:text=Reduz%20o%20tempo%20de%20servi%C3%A7o,extingue%20nesta%20o%20castigo%20corporal. Acesso em: 26 ago. 2022.

BRASIL. Decreto no 4.887, de 20 de novembro de 2003. Regulamenta o procedimento para identificação, reconhecimento, delimitação, demarcação e titulação das terras ocupadas por remanescentes das comunidades dos quilombos de que trata o art. 68 do Ato das Disposições Constitucionais Transitórias.

BRASIL. Lei no 5.465, de 3 de julho de 1968. Dispõe sobre o preenchimento de vagas nos estabelecimentos de ensino agrícola. Disponível em: https://www2.camara.leg.br/legin/fed/lei/1960-1969/lei-5465-3-julho-1968-358564-publicacaooriginal-1-pl.html. Acesso em: 26 ago. 2022.

BRASIL. Lei nº 7.716, de 5 de janeiro de 1989. Define os crimes resultantes de preconceito de raça ou de cor. Disponível em: http://www.planalto.gov.br/ccivil_03/leis/l7716.htm#:~:text=LEI%20N%C2%BA%207.716%2C%20DE%205%20DE%20JANEIRO%20DE%201989.&text=Define%20os%20crimes%20resultantes%20de,de%20ra%C3%A7a%20ou%20de%20cor. Acesso em: 27 ago. 2022.

BRASIL. Lei nº 10.639, de 9 de janeiro de 2003. Altera a Lei nº 9.394, de 20 de dezembro de 1996 [...] para incluir no currículo oficial da Rede de Ensino a obrigatoriedade da temática "História e Cultura Afro-Brasileira", e dá outras providências. Diário Oficial [da] República Federativa do Brasil, Poder Executivo, Brasília, DF, 10 jan. 2003. Disponível em: http://www.planalto.gov.br/ccivil_03/leis/2003/l10.639.htm#:~:text=LEI%20No%2010.639%2C%20DE%209%20DE%20JANEIRO%20DE%202003.&text=Altera%20a%20Lei%20no,%22%2C%20e%20d%C3%A1%20outras%20provid%C3%AAncias. Acesso em: 27 ago. 2022.

BRASIL. Lei no 12.711, de 29 de agosto de 2012. Dispõe sobre o ingresso nas universidades federais e nas instituições federais de ensino técnico de nível médio e dá outras providências. Disponível em: http://www.planalto.gov.br/ccivil_03/_ato2011-2014/2012/lei/l12711.htm. Acesso em: 27 ago. 2022.

BRASIL. Resolução de nº 01 de 17 de junho de 2004. Institui Diretrizes Curriculares Nacionais para a Educação das Relações Étnico-Raciais e para o Ensino de História e Cultura Afro-Brasileira e Africana. Disponível em: http://portal.mec.gov.br/cne/arquivos/pdf/res012004.pdf. Acesso em: 27 ago. 2022.

CAVALLEIRO, Eliane. **Do silencio do lar ao silencio escolar**. São Paulo: Contexto, 2000.

CESAIRE, Aime. **Discurso sobre negritude**. Belo Horizonte: Nandyala, 2010.

CUTI. **Literatura negro brasileira**. São Paulo: Selo Negro, 2010.

CUTI. **Literatura e afrodescendência no Brasil**: antologia crítica Vol. 4. Belo Horizonte: UFMG, 2014.

DEBUS, Eliane. A representação do negro na literatura para crianças e jovens: negação ou construção de uma identidade? In: **Congresso Internacional Criança, Língua, Imaginário e Texto Literário**. 2., 2006, Braga. Anais... Vila Nova de Gaia: Gailivro, 2007.

DEBUS, Eliane. **A temática da cultura africana e afro-brasileira na literatura para crianças e jovens**. Florianópolis: NUP, 2017.

DOMINGUES, Petrônio. **Uma história não contada**: negro, racismo e branqueamento em São Paulo no pós-abolição. São Paulo: Senac, 2004.

FANON, Frantz. **Pele negra, máscara brancas**. Salvador: UFBA, 2008.

FANON, Frantz. **Os condenados da terra**. Juiz de Fora: UFJF, 2006.

FERREIRA, Aparecida de Jesus. **Letramento racial crítico**. Ponta Grossa: Estúdio Texto, 2015.

FERREIRA, Aparecida de Jesus. **Racismo no Brasil?** Ponta Grossa: Estúdio Texto, 2017.

GIROY, Paul. **O atlântico negro**. São Paulo: Editora 34, 2012.

GOMES, Nilma Lino. **O movimento negro educador**: saberes construídos nas lutas por emancipação. Petrópolis: Vozes, 2018.

GOMES, Nilma Lino. **O negro no Brasil de hoje**. São Paulo: Global, 2006.

IBGE. Instituto Brasileiro de Geografia e Estatística. **Desigualdades sociais por cor ou raça no Brasil**. Rio de Janeiro: IBGE, 2018. Disponível em: https://www.ibge.gov.br/estatisticas/sociais/populacao/25844-desigualdades-sociais-por-cor-ou-raca.html?=&t=resultados. Acesso em: 27 ago. 2022.

JESUS, Sonia Regina Rosa de Oliveira Dias de. **A literatura infantil afro-brasileira como letramento racial e fortalecimento das identidades negras**: uma narrativa autobiográfica. Orientadora: Tania Mara Pedroso Muller. Dissertação (Mestrado) – Curso Relações Etnicorraciais, Centro Federal de Educação Tecnológica Celso Suckow da Fonseca (Cefet), Rio de Janeiro, 2019. Disponível em: https://vdocuments.com.br/a-literatura-infantil-afro-brasileira-como-dippgcefet-rjbrpprerattachmentsarticle81131sonia.html?page=1. Acesso em: 27 ago. 2022.

JOSSO, Marie-Chistine. **Experiências de vida e formação**. São Paulo: Cortez, 2004.

KILOMBA, Grada. **Memórias da Plantação**. Rio de Janeiro: Cobogó, 2019.

LEHER, Roberto; SETÚBAL, Mariana. **Pensamento crítico e movimentos sociais**: diálogos para uma nova práxis. São Paulo: Cortez, 2005.

LIMA, Clarissa. **Cor de pele**: valorizando as diferenças para as oportunidades serem iguais. Rio de Janeiro: Autobiografia, 2016.

LIMA, Clarissa. **Cor de pele II**: (re)conhecer o passado para compreender o presente e transformar o futuro. Rio de Janeiro: Autografia, 2017.

MIGUEL, Luís Felipe. **Encruzilhadas da democracia**. Porto Alegre: Zouk, 2017.

MOURA, Clóvis. **Quilombos**: resistência ao escravismo. São Paulo: Expressão Popular, 2020.

MÜLLER, Tânia Mara Pedroso; CARDOSO, Lourenço. **Branquitude**: estudos sobre a identidade branca no Brasil. Curitiba: Appris, 2017.

MUNANGA, Kabengele. Negritude e identidade negra ou afrodescendente: um racismo ao avesso? **Revista da ABPN**, v. 4, n. 8, p. 06-14, jul./out. 2012.

MUNANGA, Kabengele. **Rediscutindo a mestiçagem no Brasil**. São Paulo: Autêntica, 2004.

MUNANGA, Kabengele, GOMES, Nilma. **O negro no Brasil de hoje**. São Paulo: Global, 2006.

NASCIMENTO, Abdias. **O genocídio do negro brasileiro**: processo de um racismo mascarado. Rio de Janeiro: Paz e Terra, 1978.

NOGUEIRA. Renato. **O Ensino de Filosofia e a lei 10.639**. Rio de Janeiro: Pallas. 2014.

OLIVEIRA, Kiusam. **Omo-Oba**: histórias de princesas. Belo Horizonte: Mazza, 2009.

OLIVEIRA, Kiusam. **O mundo no *black power* de Tayó**. Minas Gerais: Fundação Peirópolis, 2013.

OLIVEIRA, Talita de; BIAR, Liana. Letramento(s), relações étnico-raciais e a iniciação científica para o ensino médio: a relação entre a produção de conhecimento e a transformação do espaço escolar. **Revista da ABPN**, v. 7, n. 17, jul. – out. 2015, p.82-101. Disponível em: https://www.researchgate.net/publication/309851240_LETRAMENTOS_RELACOES_ETNICO-RACIAIS_E_A_INICIACAO_CIENTIFICA_PARA_O_ENSINO_MEDIO_A_RELACAO_ENTRE_A_PRODUCAO_DE_CONHECIMENTO_E_A_TRANSFORMACAO_DO_ESPACO_ESCOLAR. Acesso em: 27 ago. 2022.

PLANO de aula: kit A cor da Cultura para professor. **Geledés e o projeto A cor da Cultura**, 14 jun. 2011. Disponível em: https://www.geledes.org.br/plano-de-aula-kit-cor-da-cultura-para-professor/. Acesso em: 25 ago. 2022.

RIBEIRO, Djamila. **Pequeno manual antirracista**. São Paulo: Cia da Letras. 2020.

RIO DE JANEIRO (Estado). Lei no 9251, de 22 de abril de 2021. Determina o tombamento por interesse histórico e cultural do Estado do Rio de Janeiro o terreiro da Goméia, localizado na Avenida Prefeito Braulino de Matos Reis, nº 360, na Vila Leopoldina, município de Duque de Caxias. Disponível em: https://gov-rj.jusbrasil.com.br/legislacao/1198259104/lei-9251-21-rio-de-janeiro-rj. Acesso em: 27 ago. 2022.

RIO DE JANEIRO (Estado). Lei no 9259, de 27 de abril de 2021. Altera a Lei nº 5.645, de 6 de janeiro de 2010, para incluir no calendário oficial do Rio de Janeiro o Dia Estadual de Conscientização Contra o Racismo Religioso – Dia Joãozinho da Goméia –, e dá outras providências. Disponível em: https://gov-rj.jusbrasil.com.br/legislacao/1199746150/lei-9259-21-rio-de-janeiro-rj. Acesso em: 27 ago. 2022.

ROSA, Sonia. Literatura negro afetiva para crianças e jovens. **Portal Geledés**, 31 ago. 2021. Disponível em: https://www.geledes.org.br/literatura-negro-afetiva-para-criancas-e-jovens/. Acesso em: 24 ago. 2022.

ROSA, Sonia. **Palmas e vaias**. Rio de Janeiro: Pallas, 2009c.

ROSA, Sonia. **O menino Nito**. Rio de Janeiro: Memórias Futuras, 1995.

ROSA, Sonia. **O menino Nito**. Rio de Janeiro: Pallas, 2002.

ROSA, Sonia: **Origens**. São Paulo: Editora do Brasil, 2018.

RUFINO, Luiz. **Pedagogia das encruzilhadas**. Rio de Janeiro: Mórula, 2019.

SANTOS, Boaventura de Sousa. Prefácio. In: GOMES, Nilma Lino. **O Movimento Negro educador**: saberes construídos nas lutas por emancipação. Petrópolis: Vozes, 2018.

SCHUCMAN, Lia. Racismo e "branquitude" na sociedade brasileira. [Entrevista cedida a] José Tadeu Arantes. **Agência Fapesp**, São Paulo, 5 fev. 2015b. Disponível em: http://agencia.fapesp.br/racismo-e-branquitude-na-sociedade-brasileira/20628/. Acesso em: 4 abr. 2019.

SCHUCMAN, Lia Vainer. **Entre o encardido, o branco e o branquíssimo**: branquitude, hierarquia e poder na cidade de São Paulo. São Paulo: Veneta, 2020.

SCHUCMAN, Lia Vainer. Brancos aprendem a ser racistas por construção social. [Entrevista concedida à] TV Folha. **Canal da TV Folha**, 2015. Disponível em: https://www.youtube.com/watch?v=Fc7sxAySoOE. Acesso em: 3 abr. 2019.

SCHWARCZ, Lilia Moritz. **O espetáculo das raças**: cientistas, instituições e questão racial no Brasil (1870-1930). São Paulo: Cia. das Letras, 1993.

SILVA JÚNIOR, Hédio. **Liberdade Religiosa**: a proteção da fé. São Paulo: Ceert, 2009.

SOARES, Magda B. **Letramento**: um tema em três gêneros. Belo Horizonte: Autêntica, 1998.

TRINDADE, Azoilda Loretto da. Valores civilizatórios afro-brasileiros na educação infantil. *In*: **A cor da cultura**. Rio de Janeiro: Fundação Roberto Marinho, 2006.

WALKER, Alice. If the present looks like the past, what does the future look like? *In*: **Search of our mothers' gardens**: womanist prose. Estados Unidos:

Harcourt Brace Jovanovich, 1983.

WESOLOWSKI, Patricia. O racismo científico - A falsa medida do homem. **Portal Geledés**, 05 ago. 2014. Disponível em: https://www.geledes.org.br/o-racismo-cientifico-falsa-medida-homem/. Acesso em: 15 set. 2024.

Central de Atendimento
E-mail: atendimento@editoradobrasil.com.br
Telefone: 0300 770 1055

Redes Sociais
🅕 facebook.com/editoradobrasil
▶ youtube.com/editoradobrasil
📷 instagram.com/editoradobrasil_oficial
🐦 twitter.com/editoradobrasil
🎵 @editoradobrasiloficial

Acompanhe também o Podcast Arco43!

Acesse em:

www.editoradobrasil.podbean.com

ou buscando por Arco43 no seu agregador ou player de áudio

🟢 Spotify   ╎┆╎ Google Podcasts   🎙 Apple Podcasts

www.editoradobrasil.com.br